# 日本一社員が辞めない会社

Vision Map

ひまわり型経営が自立自走の社員をつくる

介護業界で定着率96%!

小池 修
Osamu Koike

ぱる出版

# はじめに

## ◆離職率の高い介護業界で「社員定着率96％」を達成！

「募集をしてもなかなか良い人材が集まらない」
「高い費用をかけてやっと採用したのに、1か月で辞められた」
「ちょっときつく叱ったら、会社に来なくなってしまった」

あなたはこんなことで悩んでいませんか？
じつは私も、2011年に介護の会社を創業して間もないころは、このようなことで悩んでいました。

しかし、創業から7年が経過した2017年の離職者数は正社員100人中4人で、社員定着率96％でした。

ちなみに、その前年の2016年の離職者数は80人中4人（定着率95％）でしたので、2年連続で95％以上の社員定着率となりました。さかのぼって2015年は55人中6人（定着率は89％）、2014年は30人中6人（定着率80％）と、過去4年間の定着率は80％以上をキープしており、毎年良化しています。

定着率が50％いけばいいほうだと言われる介護業界で、この数字は高いほうだと思いますが、ここに至るまでの道のりは決して平坦ではなく、試行錯誤の連続だったのです。

## ◆オープン3か月で早くも倒産の危機に！

申し遅れました。私は埼玉県さいたま市で、デイサービスや訪問看護ステーション、介護タクシー、福祉用具販売などの事業を行うリハプライム株式会社という会社を経営している小池修と申します。

まずは少し自己紹介をさせてください。

私がデイサービスの1号店をオープンしたのは２０１１年4月、45歳のときでした。

それまではフィットネスクラブを運営していた上場企業で役員をしていたのですが、２０１０年10月に私の両親が、突然ほぼ同時に病気で倒れ、介護が必要になったのです。

そこで、介護施設をいろいろ見て回ったのですが、近くに両親を入れたいと思えるような介護施設がなかったために、自分で創ろうと思ったのが、この業界に足を踏み入れたきっかけです。

ところが、オープンしたのはいいものの、最初の3カ月間は思うように利用者さんが集まりませんでした。

その結果、手持ちの資金もほぼ底をつき、「このままでは倒産か」という窮地に追い込まれてしまったのです。

そこで、冷静になって利用者さんが集まらない原因を分析してみたところ、「両親に喜ばれる介護施設を創ろう」と思って起業したはずが、いつの間にか利益優先の経営スタイルになってしまっていたのです。

それを象徴するわかりやすい例が、利用者さんに飲み物を出すコップ。自分の家では絶対使わない、子供や親には使わないコップ。当たり前のように効率を考えて、安くて割れにくく、汚れていても汚れの目立たない、プラスティック製の茶色いコップを選んでいたのです。

「だから、利用者さんのほとんどがお茶に口をつけないんだ」

そのことに気づいて以来、すべての判断基準を「自分の両親が喜んでくれるか？」に変え、少しずつ改善していきました。

同時に、あまり業界ではやらないチラシを配ったりしながら、宣伝にも力を入れたことで、利用者さんが増えはじめ、なんとかピンチを乗り切ることができたのです。

## ◆「こんなブラックな会社で働けません」

しかし、その後も順風満帆とはいきませんでした。

せっかく軌道に乗り始めたのに、今度は社員の一人が「こんなブラックな会社では働けません」と言い出したのです。

確かに、オープンから2年くらいは社員の人数が運営上ギリギリで少なく、人手に余裕がなかったことから、有給休暇を取らせてあげられなかったため、「お前の会社はブラックだな」と周りの友だちから言われたようでした。

その社員は結果的に退職を思いとどまってくれましたが、今度は入社1か月の社員が「私はもっとラクな職場で働きたいんです」と言って、辞めてしまったのです。

さらに、創業3年目の2013年に、訪問看護ステーションを始めたときは、オープンして3か月で私のやり方に不満を持った看護師が全員（3人）辞めると言い出したのです。

看護師が全員いなくなるということは、せっかく数百万円の投資をしてオープンしたばかりの訪問看護ステーションをたった3か月で閉鎖するということであり、このこと自体が情けないやら悲しいやら、その後の事業への恐怖さえ覚えて、眠れぬ日々を過ごすことになりました。

このときは本当に焦りました。

しかし、あきらめる選択肢がなかった私は、恥も外聞もなく、至るところに看護師募集の求人を出したところ、幸運にも閉鎖ギリギリのタイミングで、代わりの看護師が見つかり、閉鎖という最悪の事態だけは免れることができたのです。

このように創業してから3年間は、本当に「人」の離職問題で苦労しました。

しかし、このときに学んだ経験を活かして、さまざまな対策を講じてきたからこそ、定着率96％を達成することができたのです。前述の訪問看護ステーションは、特に、ほとんど離職者はいません。

そこで、本書では私が紆余曲折ありながらも実践してきた社員が辞めない方法を、余すところなく紹介したいと思います。

本書で紹介する方法は、介護業界の会社はもちろん、それ以外の会社でも使えるものがたくさんありますので、ぜひ最後まで読んでいただきたいと思っています。

そして、できることから実践していただければ幸いです。

小池　修

介護業界で定着率96%!

～ひまわり型経営が自立自走の社員をつくる～

# 日本一社員が辞めない会社

もくじ

# 第1章 なぜ、あなたの会社の社員はすぐに辞めてしまうのか？

## 第2章 待遇改善は社員定着の前提条件

## 第3章 社員の定着率を上げる4つのステップ



## 第4章 ステップ①「理念」
## 「理念」を確立し、会社の存在目的を共有する

## 第5章 ステップ②「体現」
# 社長やリーダーが理念を「体現」しているか？



## 第6章 ステップ③「信頼」
# 社員の味方となり「信頼」しているか？

# 第7章

## ステップ④「支援」
# 社員のやる気を「支援」する

カバーデザイン▶EBranch 冨澤 崇
本文デザイン▶Bird's Eye

# 第1章

# なぜ、あなたの会社の社員はすぐに辞めてしまうのか?

# 1 全社員との年4回の社長面談でわかった社員のホンネ

今でこそ社員の定着率が上がり、安定しましたが、創業当時は社員定着率がなかなか上がらず、本当に苦戦しました。

そこで、創業3年目のころから、3か月に1回のペースで、すべての社員と30分程度の面談を行うようにしました。

面談の詳しいやり方については後述しますが、この面談を通して、私は社員が辞める本当の理由がわかったのです。

その理由は、家庭の事情を除けば、だいたい次の3つに集約されます。

①（有給）休暇が取れない
②嫌いな人（上司）がいて、認めてもらえない
③自分の将来が見えない

実際、当社の社員の中にも、これらの理由で辞めていった人がたくさんいました。したがって、離職者を減らし、定着率を上げていくためには、これらの問題を早急に改善していく必要があるといえるでしょう。

## 2
# 今の若者たちは（有給）休暇が取れるのは当たり前

私の若いころは、有給休暇はあったけれども使わないのが当たり前でした。有給休暇を使うのは病気で休んだときくらいで、有給休暇を使って遊びに行くなんてことはもってのほか、有給休暇が取れるということは「自分がそこに居なくてもいい存在」であることを自分で認めるということだという雰囲気でした。

しかし、今は時代が変わり、有給休暇は当然の権利なのだから、取れるのが当たり前。取れないなんてあり得ないという感覚になっています。

つまり、有給休暇を取らさないとブラック企業と言われることにもなりかねないのが、今の時代なのです。

私の感覚では、先に挙げた3つの退職理由のうち、休暇を取りたい時に、(有給)休暇が取れないことが、今の社員にとって、最もネックになっていることの一つではないかと思っています。

したがって、まずは休みの問題を何とかすることが、会社にとっては先決課題といえるでしょう。

そうしなければ、いくらほかの手を打ったところで、まるで底に穴の開いたバケツに水を注いでいるかのように、いくら人を採用しても、どんどん辞めていってしまうのです。

では、休暇を取りたい時に、(有給)休暇が取れるようにするには、どうすればいいのか？
これについては、次章で詳しくお話しします。

## 3
# 職場の人間関係は退職の大きな引き金になる

転職サイトの「リクナビＮＥＸＴ」が、転職経験者に「退職理由の本音とタテマエ」を聞いたおもしろいアンケート結果があります。
それによると、退職理由の本音のトップ３は次のようになっています。

１位：上司・経営者の仕事の仕方が気に入らなかった（23％）
２位：労働時間・環境が不満だった（14％）
３位：同僚・先輩・後輩とうまくいかなかった（13％）

このようにトップ3に人間関係に関することが2つもランクインしていることからもわかるように、職場の人間関係に対する不満は、社員にとって非常に深刻な問題なのです。

大企業のように、定期的な人事異動で上司が代わるような職場であれば、それまでの辛抱ということで我慢できるかもしれませんが、上司を含めた職場のメンバーが変わることが少ない小さな会社の場合は、そのストレスは非常に大きく、辞めたくなるのも無理はないといえるでしょう。

したがって、社員の定着率を上げるためには、小さな会社ほど職場の人間関係の改善に社長自らが取り組まなければいけません。放っておけば自然に解決するような問題ではないからです。

職場の人間関係に対する不満の解決方法については後ほど説明します。

## 4
# 社員は会社の将来より自分の将来が大事（当たり前！）

「このまま今の会社にいても、明るい未来が見えない」、「この会社にいたら、自分のやりたいことができない」といった理由で辞めていった社員も、過去に何人かいました。

このような理由で辞めていく社員は、どちらかというと優秀な社員であることが多いので、会社にとってはダメージが大きくなります。

ですので、会社としては、こういう人財の流出はできるだけ避けたいところです。

では、優秀な人財を流出させないためにはどうすればいいのか？

かつて私がサラリーマンをしていたころは、「会社のために働く」という考え方の人が何人かはいたものですが、今はほとんど見かけなくなりました。

特に今は時代が変わり（昔もそうだったかもしれません）、若い人たちは、会社の将来より、自分の将来を一番に考えます。

だから、今の自分の仕事が、自分の夢の実現に直結していない、自分の成長につながらない、キャリアアップにならないと感じたら、辞めて、別のキャリアを探すことを意識してしまうのです。

したがって、優秀な人財の流出を防ぐには、会社のビジョンと社員の夢のベクトルを一致させることです。

そのやり方については後述しますが、夢のベクトルを合わせることは、優秀な社員の定着率を上げる効果的な方法であることは確かです。

実際、当社の社員の中にも、この方法によって退職を思いとどまって、活き活き働いている社員が何人もいますので、その効果は実証済みといえるでしょう。

# 5

# 給料が退職理由の決定打になることは少ない

先ほど挙げた3つの退職理由のほかにも、「給料が安い」といった不満を口にする社員もいます。

しかし、給料については、業界平均を大幅に下回っていなければ、これが退職理由の決定打になることは少ないというのが、私の実感です。

なぜなら、それを承知で入社してきているからです。

転職することで月の給料が今より5万円くらい上がるのであれば、転職する人もいるでしょう。

しかし、転職しても1万円そこそこしか上がらないのであれば、給料に対する不満だけが原因で転職する人はいないといってもいいと思います。

なぜなら、転職した場合、また一から職場の人たちと人間関係を築いていかなければいけないからです。

実際、これは大きなストレスになりますので、現在の職場で人間関係がうまくいっているのであれば、1万円のためにあえて冒険したくないという人が多いのです。

だからといって、社員の給料を改善せずに放置しておいていいかというと、そういうわけではありません。

給料に対して不満を感じている社員がいるとしたら、その社員のモチベーションを落とさないためにも、きちんと対応すべきでしょう。

ちなみに、当社では社員の給料に対する不満を解消するために、さまざまな工夫をしています。それについては次章で紹介します。

# 第2章

# 待遇改善は
# 社員定着の前提条件

# 1

# 「儲かってから改善する」では遅すぎる！

相談に来る介護会社の社長さんと話をしていると、「社員の待遇改善は儲かってから考える」という人がたくさんいます。

確かに、有給休暇を取れるようにしたり、給料を上げたりするには、元手が必要になりますので、「儲かってから」という社長の気持ちはよくわかります。

しかし、給料の問題はともかく、有給休暇の問題については、前述したように今の社員たちにとっては退職の大きな理由になっていますので、早急に対応すべき問題といえます。

では、社員が有給休暇を取れるようにするには、どうすればいいのか？

解決策はたった一つ。社員の数を増やすことです。大手ではない会社の現実的な打ち手は、これしかありません。

ところが、現実にはこれがなかなか難しいのです。

私が2011年にリハビリ型のデイサービスを始めたときのスタッフは、私を含めて4人でした。

利用者さんの数が少ない最初のうちは、この人数でも余裕があったのですが、午前のクラス15人と午後のクラス15人がほぼ満員状態になってくると、誰か1人が休むと運営するのが相当きつくなってしまったのです。

そこで、人を増やさなければと思ったのですが、そもそも利益があまり出ておらず、「遊軍」的な社員を1人雇っておくほどの余裕はありませんでした。

しかし、もう1人いないと、いつまでたっても社員が有給休暇を取ることはできません。

そうなると、今いる社員が辞めてしまうかもしれない。1人辞めたら、たちまち通常の業務に支障が出てしまう……。

だとしたら、「儲かってから採用しよう」では遅すぎるのではないか？

しかし、4人のところに1人遊軍を入れるのは、いくらなんでも厳しい。

「さて、どうしたものか？」と、ずいぶん悩みました。

そして、悩みに悩んだ末に私が出した結論は、「新たにもう一つデイサービスをつくる」というものだったのです。

## 2

# 4人に1人が無理なら8人に1人にすればいい

新たにもう一つデイサービスをつくるという決断は、1店舗目が軌道に乗っていなかったら、正直できなかったかもしれません。

しかし、幸いにも1店舗目が軌道に乗り始めていたので、私は思い切って2店舗目のデイサービスをつくることにしました。

銀行からお金を借りることはできませんでしたが、以前の会社の株がこのタイミングで売却できて、ぎりぎり2店舗目を立ち上げることができました。ちなみに、この時点での私は、1号店で新築戸建とマイカー、家族の保険と退職金は使い果たしていましたので、まさに、背水の陣でした（笑）。

この判断は、社員が定着する体制、（有給）休暇を取れる体制を構築するには、この方法しかないと思ったからです。


どういうことかというと、まずデイサービスは、利用者さんの受け入れ人数に上限がある以上、売上にも上限があります。人を増やせば増やすほど売上が上がるというビジネスモデルではないのです。

したがって、1店舗だけで考えた場合、社員が4人でいいところを、1人増やして常時5人にするのは、どう考えても採算が合わなかったのです。

しかし、売上が今の2倍あれば、なんとかなる。4人に1人の遊軍は無理だけれど、8人に1人ならいけるかもしれない――。

これが私の出した結論でした。

そこで、1店舗目をオープンした翌2012年に、1店舗目の近くに、同じ規模のリハビリ型デイサービスをオープン。そして、新たに社員を5人採用し、1店舗目と合わせて9人体制とすることで、計画通り、遊軍を1人確保することができたのです。

## 3

## 規模を拡大するもう一つのメリット

3年目の2013年に訪問看護ステーションをオープンしたときも、社員が有給休暇を取れるようにするために、社員の数を増やしていきました。

スタートは看護師3人、理学療法士1人の計4人でしたが、2017年末現在、ステーションは2か所になり、ステーションの社員だけで60人になっています。

このように規模を拡大したことは、社員の定着率アップ以外にもう一つ、想定外の大きなメリットがありました。

それは、利用者さんの数が増えたことです。

訪問看護ステーションの利用者さんは、ケアマネジャーさんから紹介されることが多いのですが、規模を大きくしたことでケアマネジャーさんから信頼され、たくさん紹介してもらえるようになったのです。

じつは、訪問看護ステーションを始めた当初は、ギリギリの人数でやっていたため、急に誰か一人が休むと、単純にシフトに穴を空けてしまい、カバーできない状態でした。

せっかくケアマネジャーさんに利用者さんを紹介してもらったのに、訪問できないということが少なからず起こっていたわけです。

それは、ケアマネジャーさんと利用者さんの信頼を失うことであり、利用者さんを紹介してもらえなくなることもしばしば。やはり、少人数のステーションではそうならざるを得ません。

これはケアマネジャーさんの立場で考えれば、どんなことがあっても必ず訪問してくれる訪問看護ステーションを紹介したくなるのは当然のことでしょう。

私はこのことに気づいたこともあって、確信して社員を増やすという選択をすることができたのです。

その結果、当社の訪問看護ステーションは地域で最大級の規模になりました。

そして、社員には有給休暇を取るよう推奨できるまでになったことで社員の定着率が上がり、ケアマネジャーさんの信頼を得て利用者さんの数も増えるという好循環が起こっています。

社員を増やそうと思った出発点は、社員が安心して有給休暇を取れるような体制にしたいということでしたが、それが結果的にケアマネジャーさんや利用者さんからの信頼につながり、売上アップにもつながったのです。

社員を増やすことは先行投資ですので、「社員を増やして売上が増えなかったら赤字になってしまうのではないか……」という不安もあると思います。

しかし、私の経験からいうと、「売上が増えたら社員を増やす」という考えそのものの方が不安です。やる気みなぎる社員がいなければ売上は上がらないからです。

## 4 社員のやる気と定着率アップにつながるインセンティブ制度

給料については、先ほど「業界平均を大幅に下回っていなければ、これが退職理由の決定打になることはない」と書きましたが、給料が社員にとって大きな関心事であることは間違いありません。

私がこれまで多くの社員と面談してきた中で、「今の給料で十分満足しています」という社員は少数派で、「できることならたくさん欲しい」と思っている社員のほうが多いのが実情でした。

実際､面と向かって「今の給料では足りないので､給料を上げてほしい」と言ってくる社員もいました。

こうした要望に対して、「できない」と答えていたのでは、社員のモチベーションが下がってしまいます。

そこで当社では、「できる方法」「社員と会社がWin-Winになる方法」を考えるのです。

その一つが、インセンティブ制度です。

これは主に訪問看護ステーションの社員を対象としたもので、基準となる訪問件数を超えた分については報奨金を出すという仕組みです。

介護業界でインセンティブ制度を導入している会社は、まだそれほど多くはないと思いますが、当社は訪問看護ステーションを始めたときからこの制度を導入しています。

この制度を導入したことで、「がんばってもがんばらなくても給料が同じなら、がんばらないほうがいい」というマイナス発想をせずに、「がんばり甲斐があるぞ！」「家族のためにがんばって稼ぐぞ！」と意欲的に考える社員が大多数になりました。

実際、多くの社員がインセンティブを受け取っており、これだけではないですが、これが社員のやる気と定着率のアップの要因の一つになっていることは間違いないといえるでしょう。

## 5 チームプレーの組織でもインセンティブ制度の導入は可能！

個々で動く「訪問看護ステーションの社員にはインセンティブ制度は導入できても、チームで動くデイサービスの社員に導入するのは難しいのでは？」と思った人もいるのではないでしょうか。

確かに、訪問看護ステーションは1日の訪問件数という明確な指標があり、かつ個人訪問にかかる部分が多いので、インセンティブ制度が導入しやすい職種です。

一方、デイサービスの仕事は個人ではなくチームプレーなので、インセンティブ制度を導入しにくい職種ではあります。したがって、当社でも最初のころはデイサービスの社員には、インセンティブ制度は導入していませんでした。

しかし、同じ会社の中で差はなるべくなくしていきたいと思い、いろいろ考えた結果、2014年からデイサービスの社員にも状況に応じてインセンティブ制度をテスト導入することにしたのです。

といっても、デイサービスはあくまでチームプレーなので、社員一人一人にインセンティブをつけるわけにはいきません。

そこで、どうしたかというと、求人にも雇用契約にも載せていないのですが、デイサービスの施設全体にがんばりが反映するインセンティブを導入してみることにしたのです（２０１８年1月現在）。

具体的には、1カ月ごとの売上目標を設定し、それを超えた分については、社員みんなで分けていいというものです。

たとえば、1カ月の売上目標を４００万円に設定した場合、４５０万円の売上を上げることができれば、目標を超えた50万円分はそのデイサービスの社員で山分けしてもいいというものです。

この仕組みを社内では「山分けインセンティブ」と呼んでいます。

もともと志で入社した社員たちでも、ゲーム感覚で取り組んでくれているこの制度。導入する前と後では、社員たちの仕事に対する姿勢と結果が大きく変わりました。

たとえば、以前は利用者さんの新規開拓は「誰かの仕事」にさえ見えたのが、導入後は「自分の仕事」として楽しんでやってくれていますし、利用者さんの当日キャンセル率を下げる工夫も自主的に行ってくれるようになりました。

また、この制度を導入してから、辞める社員が減ったことも事実です。

# 6 社員の昇給希望にはできるだけ応えるようにする!?

「給料を上げてほしい」という社員の要望に応えるために、当社で行っているもう一つの方法が個別対応です。

ここだけ聞くとなんだそれという感じですが、これは先ほどのインセンティブ制度のように仕組み化したものでもなく、もちろん、社長が社員の好き嫌いで勝手に上げるのでもありません。また、無条件に上げるものでもありません。

当社の場合は、きちんと社内の人事評価制度に則って上げるようにしています。

たとえば、「あと5万円上げてほしい」と言う社員がいた場合、今の役職のままだと難しいとしても、センター長になれば5万円上がるのであれば、その役職を目指すように指南します。そして、その社員ががんばってその役職になれば、無条件で5万円上がることになります。

また、現状が20万円なのに2倍の40万円欲しいという社員もいます。このような場合、普通に考えると無理なのですが、当社の場合は何とか応えようと努力します。

たとえば、新たに始める事業の責任者になり、当社の目標労働分配率を加味した売上目標をクリアすれば、当たり前に翌月から給料を40万円に給与アップするという具合です。

会社にも大きなメリットがあります。志だけでなく、数字にもこだわる本気のリーダーの誕生です。

要するに、給料アップへの道筋を示してあげるわけですが、この道筋を示せるのと示せないのとでは大きな違いだといえるでしょう。

当社の場合、すべての社員の要望にはまだまだ応えられているとは言えないかもしれませんが、最初から「無理」というのではなく、「こうすれば希望を実現できる」という姿勢を見せることは、社員の定着率とモチベーションのアップには重要な要素であることは間違いありません。

# 7 社員の待遇改善が、社員が辞めない会社づくりの第一歩

以上述べてきたように、休みや給料といった待遇の問題は、理念や志と同様に、社員が辞めない会社をつくるための前提条件であると、私は思っています。

待遇の問題が改善されないと、仕事のやりがいがどうだとか、社内の人間関係がどうだとか言っても、社員の定着率を100％近くまで上げることは、正直、難しいといえるでしょう。

なぜなら、情報社会の今、社員たちは皆、他社の状況など、特に耳触りの良い情報を中心に頭にインプットされます。普通のことです。

そうすると、待遇が悪い会社というのは、穴の開いたバケツのようなものです。つまり、穴の開いたバケツにいくら水を注いでも、その穴からどんどん水が漏れていってしまうように、いくら社員を採用したり、モチベーションを高める研修を行ったり、社内の人間関係を良くする工夫をしたりしても、その穴をふさがない限り、社員は辞めていってしまうというわけです。

その穴をふさぐには、早急に待遇を改善する必要があるわけですが、当社もそうだったように、すぐに有給休暇を取れるようにすることは無理ですし、すぐに給料を上げることも無理です。

しかし、社長に改善しようという気持ちがあるのであれば、その気持ちと待遇に関する「理想の姿」を社員に伝えて、少しずつでも改善することで、すぐに社員の反応は現れます。「人の言っていることは建前で、やっていることが本音」

です。社長の本音を、社員たちはカタチで直感的に感じ取ります。

そしてさらに、その理想に向かって改善が進み、理想が実現しそうな希望が見えれば、多くの社員が希望を持って働くことができるはずです。

最悪なのは、現在の待遇が悪く、一向に改善される気配がないこと。このような状態が続くと、社員は疲弊してしまいます。そして、未来に希望が持てずに、辞めていってしまうのです。

したがって、そのような状況を回避するためにも、まずは社長自身が本気で社員の待遇改善を考えているということを社員に伝え、「理想の姿」に向けて小さなことでもカタチにすることから始めてください。

# 第3章

# 社員の定着率を上げる<br>4つのステップ

# 1
# 社員の定着率を上げるには4つのステップがある

前章で「社員の待遇改善が社員が辞めない会社づくりの第一歩だ」という話をしましたが、それだけでは不十分です。
社員の定着率を上げ、100％に近づけていくためには、待遇以外の面でもいろいろと改善していかなければいけません。

では、具体的に何をすればいいのか？
それは次の4つのことが、重要ポイントで「オセロの4隅」と言えます。

①会社の**「理念」**を確立する（会社の「存在目的」の共有）
②社長やリーダーが理念を**「体現」**する
③社員の味方となり、**「信頼」**関係を構築する

④社員の「（やる気）**支援**」をする

以上が、社員が辞めない会社づくりの4つのステップです。

では、それぞれどういうことなのか、詳しく説明していきましょう。

## 2

# 「理念」が自立自走の社員を創る（ひまわり型経営）

1つ目のステップは、会社の「理念」の確立です。

「理念」というのは、ご存知のとおり、その会社の活動方針の元になる基本的な考え方のことです。もっと別の言い方をすると、会社が望む「社員の働く目的」です。

全社員が同じ方向を向いて仕事をするといっても、どちらの方向を向いていてもいいかわからないのが、「理念」のない会社です。向いてほしい方向を示すのが「理念」です。

おそらく、あなたの会社にも経営理念があると思います。言語化していない場合でも、創業したときに考えた「こんな会社にしたい」という想いはあることでしょう。

そういう、いわゆる「理念」「目的」がはっきりしない場合、日々の業務（手段）だけ決まっている会社の中で、社員が言われたこと以外のことをひらめくことは少ないです。なぜなら、日々の業務が「目的」になっていき、ルーチンの「作業」になるからです。

ちなみに、当社の経営理念は「敬護」です。「敬護」というのは私が考えた造語で、この言葉には人生の大先輩である高齢者の方々を、介助して護るという従来の「介護」をするのではなく、敬って護る「敬護」をしたいという、創業当時の私の想いが込められています。

「はじめに」でも書きましたが、私が上場企業を辞めて介護の会社を設立することになったきっかけは、私の両親がほぼ同時に病気で倒れ、介護が必要になったことでした。

そこで、介護施設をいくつか見て回ったところ、とても高齢者を敬っているとは思えない実態に愕然としたため、高齢者に敬意を払う介護施設を自分で創ろうと思ったときの気持ちを経営理念にしたのです。

この経営理念を明確にしたことによって、当社は経営の軸がブレなくなりましたし、さまざまな経営判断も、この経営理念に従って決めることができるようになりました。

「ところで、経営理念と社員の定着率アップにどんな関係があるの？」と思った人もいるかもしれません。

しかし、じつはこれが大きな関係があるのです。

あなたは、こんな経験はありませんか？

社長や上司が、その日の気分や相手によって言うことがコロコロ変わるため、嫌な気分になったり、理不尽な思いをしたりしたことです。

おそらく会社勤めをしたことがある人なら、少なくとも一度や二度はあることでしょう。

このような経験をした社員は、社長や上司の顔色をうかがいながら仕事をするようになります。

そして、そのようなことが度重なると、「こんな社長（あるいは上司）の下では働けない」と言って辞めていってしまうのです。

辞めないまでも、社長や上司の顔色ばかり気にしてビクビクしながら仕事をしていると、当然、余計なこと（上司の意向と違うこと）をして怒られたくないから自分の本当の意見を言わなくなったり、指示されたことしかやらなくなったりと、仕事に対して消極的になります。

ぶれる上司、怒る上司の下にいる部下が、「言われたことしかやらない」のは部下が自分自身を守るためにする当たり前の防御策です。部下のせいじゃないのです。

逆に、経営理念があって、それに沿った社員の行動指針が明確になっている会社の場合は、会社の目指す方向が明確で、物事の判断基準も明確なので、それに従って社員が自分で物事を判断できる自立自走型の組織になるというメリットがあります。

当社の場合、社内では理念型の経営を**「ひまわり型経営」**と呼んでいます。ひまわり畑のひまわりは、大きい、小さい、など、いろんな形のひまわりがありますが、すべて太陽のほうに向いているということで、会社経営になぞらえています。理念という太陽の方向を見るひまわりたる社員たちという構図です。

社内では、私でさえ、うっかり経営理念に沿わないことを言ったなら、社員から「社長、それは敬護の精神に反するんじゃないですか?」と言われるくらい、「敬護」という経営理念が浸透しています。

経営理念を重視していない腕っぷしの強い社長もいるかもしれませんが、もし、社長の力だけに頼らない自立自走の力強い組織を創るのなら、経営理念が不可欠です。

社長の顔色ではなく、経営理念が判断基準で、手段が社員に任されると、社員はやる気とひらめきを発揮してくれるようになります。

他人の仕事が自分の仕事になるということです。

経営理念のない会社の社長は、想いを言語化して理念を創り、自立自走の組織を創るほうがいいでしょう。

また、経営理念はあるけれど、額に入れて社長室に飾ってあるだけというような会社は、飾っておくだけでなく、いかに社員の間に経営理念を浸透させるかを考えましょう。

「経営理念」を使わない手はありません。

経営理念は社長の頭の中にあるだけでは不十分で、全社員に説明し、理解・共感してもらうことが大事なのです。

なお、経営理念に共感できない社員は辞めていくかもしれませんが、それは強い会社を創るための「好転反応」であり、本人のためにも無理に引き留めてはかわいそうです。

## 3 理念は言っているだけで「体現」しないと逆効果

2つ目のステップは、社長やリーダーが理念を「体現」することです。

先ほど説明したように、経営理念があって、それが社員の間に浸透していることが重要です。

しかし、それだけでは十分とは言えません。経営理念を社長やリーダー自らが率先して体現することが理念浸透には「不可欠」なのです。

社員は社長やリーダーが会議で発言している意見より、社長やリーダーが現実に「やっている行動」を見習います。その行動が会社の理念と一貫性があると、理念が浸透しやすくなります。

この一貫性がないと、逆に社員は社長やリーダーを信頼しなくなります。

当社の場合であれば、社長である私が「敬護」という経営理念に則った行動をすることであり、逆に「敬護」に反するような行動はしないことです。

これは実際にあった話なのですが、デイサービスを始めたころ、ある歩行困難なシニアの歩行をサポートする際、私は気がついたら「おいっちに、おいっちに」という掛け声を無意識にかけてしまいました。

しかし、少し考えれば、「おいっちに」というのは、よちよち歩きの小さな子供にかける掛け声で、「ゆっくり歩き」に瞬間的に反応してしまったもので悪気はないにせよ、シニアには失礼ではないかとわかります。

これは「敬護」の精神に反するということで、それ以来「ハイ、ハイ」というタイミングを計る合図の掛け声に、意識的に変えるようにしました。

また、椅子に座っている利用者さんと話すときは、立ったまま見下ろすような目線で話すのは失礼だという考えから、必ず跪いて話すようにしています。たとえスーツを着ていても全く同じです。

当たり前ですが、どんなに親しくしていて頂いても、「そうだよね」といった友だち言葉は使わず、「そうですよね」という丁寧語を必ず使うようにしていることも、理念の体現の一つといえるでしょう。

このようなことを社長である私自身が率先して行うことで、社員もやってくれるようになるのです。自分はやらずに社員にやれと言っても、社員はやりません。「やってみせ　言って聞かせて　させてみて　ほめてやらねば　人は動かじ」という山本五十六氏の名言は有名ですが、まさにその通りなのです。

世の中には立派なことを言う人はたくさんいますが、言ったことをやる人はそれほど多くはありませんし、言ったことと逆のことをやっている人もいます。そういう人のことを、あなたは好きですか？

信用できますか？

素直に言うことを聞く気になりますか？

おそらくＮＯでしょう。

社員も同じで、こういう人が社長やリーダーだと、誰もその社長やリーダーについていこうとは思わなくなります。できることなら、関わりたくないと思うことでしょう。逆に、社長やリーダーが経営理念を体現していれば、社員は社長やリーダーを信頼するようになります。

前にも書きましたが、「嫌いな上司がいる」というのは社員が辞める大きな要因です。

したがって、社員の定着率を上げるためには、社長（リーダー）が経営理念を体現することがとても重要なのです。

## 4

## 社員は「信頼」できない社長やリーダーの言うことは聞かない

3つ目のステップは、社員との「信頼」関係を構築することです。

「信用」ではなく、「信頼」です。「信用」とはある一定条件のもとで信じることで、「信頼」とは無条件に信じられることです。

前項でも書いたように、社長やリーダーが経営理念を体現していなければ、社員はその社長・リーダーを信頼しなくなりますし、社長・リーダーの本音は「理念」ではないと悟ります。

リーダーがいくら経営理念に則った正しいことを言ったとしても、実際にやっていることが違えば、一貫性を欠いて信頼されず、社員はそのリーダーの言うことを聞かなくなるのです。

じつは、当初、当社のリーダーの中にも、「あいつは何度言っても言うことを聞かないんですよ」と、部下の文句を言ってくるリーダーがいたのですが、それはそのリーダーが部下から信頼されていないからなのです。部下との関係性を創ることに失敗しているのです。

信頼できないリーダーや嫌いなリーダーの言うことを聞きたくないと思うの

は、人として当然のことです。ですから、上司風を吹かせて無理やり言うことを聞かせようとしてもできません。そんなことをするから辞めてしまうのです。

したがって、部下に言うことが伝わるチームを創りたかったら、社長・リーダー自身が部下から信頼される関係性を創る必要があるといえるでしょう。

部下との信頼関係を構築するには、経営理念を体現することもそうですが、ほかにも部下をほめる（部下にプラスの関心を寄せる、感謝する、共感する）といった方法もあります。

詳しくは後ほど説明しますが、ここでは社員と「信頼関係」を構築すること、社員が正しいかどうかを判定するのではなく、「味方になる」ことが、社員の定着率アップにつながることを覚えておいてください。

## 5

# 社長やリーダーによる「（やる気）支援」

４つ目のステップは、社員を「（やる気）支援」することです。

私の経験からすると、優秀でやる気のある社員ほど、スキルアップしたいといった成長欲求が強い傾向にあります。

ですから、このような社員の成長欲求に応えられないと、優秀な社員から辞めていくことになります。

そうなると、会社にとっては大きな損失です。

したがって、そんなことにならないためにも、社員の成長を応援すること、やる気を支援することが非常に大事なのです。

そのためには、社員一人ひとりがこの会社で「どうなりたいと思っているのか」を知る必要があります。それがわからなければ、応援・助言のしようがないからです。

そこで当社では、全社員を対象に、３カ月に一度のペースで、約30分間社長と社員が一対一で話をする「ＳＮＳ（社長と何でも相談会）」、いわゆる社長面談を実施しています。

ＳＮＳでどんなことをしているのかということについては、後ほど詳しく説明しますが、ＳＮＳが社員の定着率アップに大きく貢献していることは間違いないと実感しています。

では、これまで説明してきた**「理念」「体現」「信頼」「支援」**の４つのステップで、具体的にどんなことをすればいいのかということについて、次章以降で詳しく紹介していきたいと思います。

第4章

ステップ①「理念」

# 「理念」を確立し、会社の存在目的を共有する

## 1 経営理念とは「どんな会社を創りたいのか?」ということ

近年、理念を企業活動の中心に据えた「理念経営」の重要性が叫ばれるようになり、大企業だけでなく中小企業も経営理念を作るところが増えてきました。

したがって、おそらくあなたの会社にも、経営理念はあるのではないかと思います。

ただし、なかには経営理念のない会社や、経営理念はあるけれど額に入れて社長室に飾ってあるだけという会社もあると思いますので、まずは経営理念とは何かという話から始めることにしましょう。

そもそも経営理念とは何なのでしょうか?

これについてはいろいろな定義の仕方がありますが、私は「どんな会社を創りたいのか?」「会社の存在する目的は何なのか?」を言葉にしたものであると考えています。

どんな社長でも創業するとき「こんな会社を創りたい」「こんなことができる会社にしたい」という想いがあったと思いますので、それを言葉にしたものが経営理念です。

当社の経営理念は、前述したように「敬護」ですが、じつはこれは厳密に言うと経営理念ではなく、経営理念をわかりやすく表現したキャッチコピーのようなものです。

当社の正式な経営理念は、「高齢化日本をハッピーリタイアメント社会に変える」です。

これは、今後ますます高齢化する日本の中で、リタイア（定年）した後、高齢者が厄介者扱いされて肩身の狭い思いをしながら生きるのではなく、自分の両親にそうであって欲しいと思うように、リスペクトされながら活き活き・わくわくしながら幸せに生活できる社会に変えていける会社を創りたいという私自身の想いを言葉にしたのです。

しかし、「ハッピーリタイアメント社会」という言葉がイメージしづらく、私の意図が伝わりにくかったため、活き活きわくわく生き抜く人生の大先輩には「敬い」「リスペクト」「個人尊重」が必須だという理解のもとで、「敬護」という造語を作り、これを前面に打ち出すことにしたのです。これによって、以前より伝わりやすくなりましたし、「敬護って何ですか？」と興味を持って質問してもらえるようにもなりました。

詳しくは後ほど述べますが、経営理念は「伝わる」ことがすごく重要です。なぜなら、理念経営を行うには、経営理念が社員の間に浸透していなければならないからです。

また、他社との違いをお客さまに伝えるためにも、経営理念はわかりやすいほうがいいのです。

## 2

# 「理念」が退職リスクを大幅に軽減させる

経営をしていて、リーダーが良かれと思って始めようとする施策に対して「優秀な社員」「純粋な社員」に限って協力的でないということはないでしょうか？

たとえば、「理念・行動指針」に「笑顔で！」がある会社があるとします。朝から元気や笑顔をチャージしようという目的で「朝礼」を始めるとします。

そこで、ある社員は「私は朝から元気だし笑顔の自信があるから、朝礼は出る必要ないし、それはそれぞれでやるべきものだと思います」などと言ってきます。

ここで、共通の「経営理念」がないと、「そうだな、だけど協力してくれよ」ぐらいしか言いようがないのです。

それが、「経営理念」があると、「チームプレイ（全体最適）」について説明しやすくなります。「目的はチーム全員が元気になることだから、自信のあるあなただからこそリードしてよ」「チームだからこその恩恵があなたにもあるのだから、得意なことでチームに恩返ししようよ」（部分最適ではなく、「全体最適」の思想）と言いやすいし、腹落ちしやすいです。

「売上アップ」に関しても、「そこまで毎年売上アップする必要ってありますかね？　今のままで十分と思いますけど」みたいな経営者泣かせのセリフも日常茶飯事で出てきますが、経営理念を実現していくという「目的」のために、それを継続していくために必要な原資を蓄えていくには、「売上アップ」していくことが必要だよと、本質的なことを語りやすくなります（ロマンとそろばん、両方必要だと）。

このように、少し説明しづらく、説明を間違うと社員のやる気をなくさせる内容も、共有しやすくなります。

# 3 応援される経営理念を創るための2つの質問

経営理念は創業者の想いを言葉にしたものですので、どんな経営理念を創ろうと社長の自由ではあります。

しかし、経営理念が社員の離職率を下げ、定着率を上げる会社創りの第一歩である以上、適当に創ればいいというものではありません。

社員が共感できるものであることが重要なのです。

つまり、社員が経営理念を見て、「その考え方にすごく共感します!」、「そういう会社、良いですね!」と言ってくれるようなものが理想といえるでしょう。

逆に、経営理念が社員から共感されなかったり、社員の賛同を得られなかったりするものになっている場合は、遅かれ早かれ、社員は去っていくことになるでしょう。

じつは、私は以前何社かに勤めていましたが、そのうちの一社でこんなことがありました。

その会社には素晴らしい経営理念があり、私もそれに共感していたのですが、社長が交代し、新社長が役職者との歓談の席で言った一言に、私は愕然としたのです。

それは、「社長はこの会社をどんな会社にしたいのですか？」という私の質問に対する答えでした。

その新社長は平然とこう言ったのです。

「私は在任中にこの会社の業績を伸ばして自分の評価を上げ、あと2～3社、社長として渡り歩いてから引退したいと考えている」

これを聞いて、私は失望しました。それ以外でも「理想は自分の業績評価が上がることで、会社売上は自分なら大きくできる」という姿勢が見て取れました。そして、私は会社の未来が見えなくなり、一瞬にして愛社精神と活力を失いました。なぜなら、新社長は自分のことしか考えていなかったため、この社長のために働きたくない、この人にはついていきたくないと思ったからです。

このように社長の考え方に共感できないと、社員は一瞬にして、会社に居続ける意味を失って（辞めたくなって）しまうのです。

あなたの会社の経営理念は、社員が共感できるものになっていますでしょうか？

もし、共感できるものになっていないとしたら、想いが伝わるように経営理念を創り直したほうがいいかもしれません。

では、社員に共感される経営理念はどうやって創ればいいのか？

それを考えるには、次の２つの質問が有効です。

①自分は誰を助けたいのか？

②なぜ自分がやるのか？

１つ目の質問のポイントは、「誰かを助ける仕事である」ということ。「誰かの役に立つ仕事」といってもいいでしょう。

そもそも「事業の目的」は誰かの困り事を解決するためにあります。

これが言語化されて明確になっていれば、社員は共感しやすくなります。

2つ目の質問のポイントは、「自分がやる理由は何なのか？」ということです。

「自分がやらねば誰がやる！」といった強い使命感を持った人に、人は惹かれるのです。


経営理念の見直しは今からでも遅くありません。

創業当時、それほど深く考えていなかったとしても、今から心機一転、決意を新たにして、共感・応援される経営理念を創って再出発すればいいのです。

何度も言いますが、経営理念は会社の根幹を成す軸のようなものです。「理念＝会社」といっても過言ではありません。

この軸がしっかりしていないと、これから先も社員の定着率は上がっていかないでしょう。共感・応援される経営理念がない会社は、まずは共感・応援される経営理念創りから始めてください。

## 4 社長自身がわくわくする「理念」を!

先ほどの2つの質問から導き出される経営理念は、どちらかというと社長の使命感に近いものでした。

しかし、じつはもう一つ、経営理念を考える際に大事なことがあります。

それは、社長自身が心の底からわくわくするものでなければいけないということです。

じつは、私は今の会社を立ち上げる前は、別のビジネスで起業しようと考えていました。

それは、経営者向け出張ダイエットビジネスです。簡単にいうと、ライザップの出張版で、忙しくてジムに通う時間のない経営者のために、こちらから出張してダイエットの指導を行うというものです。

私はもともとスポーツクラブの運営を行う会社の役員をしていましたので、ダイエットに関する知識と技術と人脈はありました。だから、このビジネスで起業しても成功する自信があったのです。

ところが、起業するために通っていた経営塾で、講師の先生から「小池さんは、そのビジネスがまったく儲からなくなっても続けますか?」と聞かれ、即座に「そうなったら損切りして、すぐに別のビジネスを考えます」と答えたのです。

当時の私は、自分の答えの問題点に気づいていませんでした。正直、「儲からないビジネスを続けるなんてありえないよ!」くらいに思っていたのです。

しかし、先生に「小池さん、それじゃ、誰にも応援されないよ。人は途中でやめない理由を持つ人を応援するものです」と言われて、ハッとしたのを今でも覚えています。

つまり、儲からなくなったらやめるということは、そこには「自分がやらねばならない、社会に必要だからやる」といった使命感も、「たとえ儲からなくても楽しいからやる」というわくわく感も何もなかったのです。

「こんな会社を創りたい」という社長の想いの中には、使命感とわくわく感の両方が必要だと、私は思っています。

なぜなら、いくら使命感があったとしても、それが自分にとってわくわくしないものであれば続かないからです。

私の場合、起業のきっかけは前にも書いたように、数多くの福祉施設を見学したけれど、病気で倒れた両親を安心して預けられる福祉施設がなかったため、自分で創るしかないと思ったことです。

「預けられない」と感じた理由は、私の個人的な価値観だったかもしれません。ただ、多くの施設（もちろんすべてではない）で、人生の大先輩を「ちゃんづけ」で呼んだり、認知症の方を「にんちゃん」などと呼んだりしているのを目の当たりにして、呼吸ができないくらいのショックを受け、自分で創ろうと思ったのです。

ですので、このときはわくわく感よりも、使命感のウエイトが高かったと思います。ほぼ100％だったかもしれません。

しかし、今は自分が思い描く理想の「ハッピーリタイアメント社会」のことを想像してわくわくすることが多くなりました。

自分の親が、未来の自分が、毎日笑顔で、次の日の予定にわくわくしながら走り続けているという感じです。

最初は使命感だけで走り出したけれど、今はわくわくしして、若い人たちにリスペクトされながら楽しく過ごす姿、自分がいなくなった後に残された家族が「父ちゃんのおかげで楽しく過ごせるね」と誇らしげに話している姿をイメージするだけで顔がほころびます。

わくわくするイメージがあるからこそ、朝から晩まで会社のことを考えていて、レジャーの計画を立てているときと同じ感覚で楽しいのです。この未来のわくわくが、今日の行動を起こさせてくれます。

## 5

# 経営理念と行動指針はセットで「社内共通語」に

経営理念ができたら、次に創る必要があるのが行動指針です。

これは、経営理念を達成するための働き方や動き方のことで、行動規範と呼ばれることもあります。

経営理念があっても、行動指針がないと、社員はどのように行動していいのかがわからないし、それが共通言語になっていないと、リーダーと部下の意思疎通に相当な時間がかかりますので、経営理念と行動指針はセットで創るようにしましょう。これが「共通言語」になるだけでも社員定着が進むことになります。

行動指針は、ニトリさんのように「住まいの豊かさを世界の人々に提供する」という素晴らしい一文の場合もありますが、多くの場合は5カ条や10カ条というように複数の条文でできているケースが一般的です。

ちなみに、当社の行動指針は20項目からなっています。

じつは、当社の創業当時の「行動指針」と現状の「行動指針」は大きく異なります。

きっかけは、創業して2年過ぎた頃から、なぜかかなりの数の退職者が出始めたことです。

その頃は退職者が多い原因はわかりませんでしたが、ただ一つわかっていたのが、いつも私の指示通りにスタッフが動かなかったことに対して、いつも私がイライラしていたことでした。

そこで、自分の気持ちを変える必要があると気づいて、まずは自分ができていない「ほめる」経営にシフトしようと考えました。そのタイミングで出会ったのが（社）日本ほめる達人協会の「ほめる」の再定義でした。「『ほめる』とは、人・モノ・出来事の価値を発見して相手に伝えることである」という内容でした。

さらには、「ほめる」が相手に伝わるためには、相手の物事の捉え方が自分と絶望的に違うこと、相手をダイヤの原石だと信じることが必要なことなどを学び、後頭部を鈍器で殴られたようなショックを受けました。

当時の私は「ほめる」ことは、単なる「おべんちゃら」のような気がして、気恥ずかしいから、あまりほめることをしていなかったのです。
すぐに、協会で「ほめる」の本質的な勉強を始めました。そこでの学びの中でキーワードを「行動指針」に入れて、社内共通語にするというアイディアが浮かんだのです。
ここでのポイントは、①「ほめること」自体に強烈なパワーがあるものだったこと、②「ほめる」が私の腹にしっかり落ちたこと、③その腹落ちしたことを「社内共通語」として「行動指針」に入れたことです。

参考までにすべて載せておきます。

**〈経営理念〉「敬護」**

介助して護る「介護」ではなく、人生の大先輩を敬っても護る「敬護」をします。

**～「敬護」サービスを通して、日本をハッピーリタイアメント社会に変える～**

**〈行動指針〉**

1、安全・倫理観

・私たちは利用者様の安全を第一に優先します。

・私たちは周りから見えていない時の行動、普段からの行動がいざという時に出ることを知って行動を律します。

2、笑顔・挨拶主義者・清掃（5S3T）

①笑顔・挨拶主義者

・相手の目を見て、笑顔で、元気に、自分から先に、相手の名前を添えて、挨拶します。そして、相手からの返礼を求めません。

・相手の笑顔は自分の笑顔の反射です。自分の笑顔で相手の笑顔のスイッチオン！

②きれいな施設

・利用者様の安心は清潔な施設から。プライドを持って清潔日本一を目指します！

③きれいな事務所とトイレ

・事務所とトイレは「会社を写す鏡」。５Ｓ３Ｔを実践します！※環境整備参照

④きれいな車

・車は看板、会社の顔です。常に見られている意識を持ち、安心信頼を獲得します！

⑤きれいな身だしなみ

・身だしなみは、ブランドイメージ。

・会社の顔という意識を持ち、第一印象を大切にします！

3、誇りの尊重（介護の新３Ｋ＝「３敬」）

①関心

・利用者様の非言語を読み取り、「先読みのサービス」を心がけます。

・自分のして欲しいことを利用者様に提供します。

②感謝

・「感謝」とは当たり前と思えることに「ありがとう」を言えること、自分が悪くないと思うことに「ごめんなさい」を言えること、そう思える気持ちの状態です。

・感謝と尊敬の気持ちを忘れず失礼のない言葉使い(丁寧語が必須)をします。

・利用者様との会話は、目線は同じ又は下から、目を見ながら姿勢に注意して伺います。心に余裕がない時も態度に出ないように、笑顔と丁寧な対応を心がけます。

③共感

・利用者様の誇りを尊重し、人生の大先輩として敬意をはらい、真剣に話を伺います。

・会話やしぐさから視座を利用者様に移し、お気持ちを感じ取り行動します。スタッフ全員で考え、記録します。

4、全ての因は我にあり

・矢印を「自分の行動」に向けます。
・起こる出来事は、自分にとって必要・必然・ベストであり一見、不条理に見えることも人のせいではないと認識し、自分が変わること、自分の成長を望むことによって状況を変えていきます。

5、やると決める、あきらめることを捨てる
・本気の人間は問題が起きた時、「言い訳」を探すのではなく、「対策」を考えます。
・やると決め、イレギュラーが起きても、そこからゴールに向けた対策を打ち続けます。

6、「これは何のチャンスか?」考える（好運を信じる）
・起きた出来事はすべて自分にとって意味があります。そのプラスの面にフォーカスして、「意味づけ」を考えます。
・まずは、即座に、「問題」をプラス受信（これは何のチャンスか?）してみます。

・つまずいたときは、成長するチャンスだと考えます。

7、能力全開・出し惜しみゼロ（学び続ける、準備をする、改善する）

・成長思考（良くなろう、挑戦する思考）を意識し、見栄え思考（良く見せよう、失敗したくないから挑戦しない思考）から脱却します。

・「当たり前」のレベルを上げ続けます。

・自分の力の及ばないこと、他人の行動に期待するのではなく、想定されうる未来に対して、自分自身がしっかり「準備」して行動します。

8、プラス受信・プラス発想・プラス言葉

・「わからない」「難しい」「できない」「無理」などのマイナス言葉を使わず、「わかるはず」「できるはず」のプラス受信・プラス発想・プラス言葉で前に進みます。

9、近未来の良いイメージを強く持ち、行動につなげる

・わくわくするゴールイメージがあってこそ、「行動」が起きます。
・大きな目標イメージを達成するために、今できる小さなことを怠りません（積小為大）。
・「毎日が初演」の精神で、常に全力で、利用者様の立場に立った行動をします。
・お一人でも多くの方の健康、機能回復、自己実現のお手伝いに全力を注ぎます。

10、不満を提案に変える
・不満は自分だけが持っていて、相手に伝わっていないことが多いです。
・不満は何も生み出しませんが、提案はカタチになりやすいです。

11、感情を客観視する
・他人と自分は絶望的に違うと理解します。
・人と自分は持っている「辞書」が違うと心得ます。
・イライラと怒りで損をしているのは自分だと心得ます。

12、応援される人になる

・素直力をあげ、応援される人間力を身に着けます。

・ご縁を大切にします。

・自分が応援したい人に、自分がなります（そのように表現します）。

13、ほめる

・「ほめる」とは、人・モノ・出来事の「価値」を発見して伝えることです。

・良し悪しを判断せず、人と会う前から、その人の良いところを探すと決めます。

14、人と長所でつきあう

・すべての人や物事は多面体。プラス受信する習慣を身につけます。

・長所伸展、美点凝視のメガネ（グッドグラス）をかけます。

・お互いに欠点を直しているほど、人生は長くないと心得ます。

・人は一人ひとり、役割を持って生まれてきています（役割に気づく＝幸せ）。

15、感謝を伝える姿勢

・伝わらない「感謝」は存在しないのと同じ。しっかりと相手に伝えます。

・日々感謝を忘れず、「ありがとう」の想いを言葉や行動で表現します。

16、「理念」に基づく自己判断

・価値観（仕事の目的）を共有した「理念」に基づいて、自身で「意思決定」し、行動します。

・目的・理念にはこだわるが、手段は自由。手段の創造性が認められます。

・上司の指示を受けなくても、理念に照らして、自身の「価値観」と「意思決定」で、胸を張って行動します。

・感情の起伏等がでた方に対しても「これは病気のせい」と理解し、個人の尊重をし続けます。利用者様の目的・目標達成に向け、理念に即した「手段」を一人一人が考え、チーム全員で話し合い、ブラッシュアップしていきます。

17、速い行動、大量行動、変化する、意思決定する

・今の判断が正しいのは今のうちです。「速い行動」があってこその「正しい判断」です。

・「速い」＝「判断が速い」＋「初動が速い」。

・未来は今の小さな行動の多さ（大量行動）によってのみ、変わります。

・進化と成長を意識して「行動」をデザインします。

18、何事にも日付を入れる、行動を評価する、評論は不要

・自身の行動を促し、結果を出すために期限を設定します。

・「人の言っていることは建前、やっていることが本音」を認識して、行動優位でサービス提供します。「本気なら壁が出現しても対策を考える。本気もどきは言い訳をする……」。この尺度で日々の実践をし続けます。

・言行一致（山の行より、里の行）。理屈を言うのは簡単です。言うことと

やることを一致させます。

19、相手本位の「わくわく」を創りだす

・わくわくすることが、自分と相手の「行動」を創りだします。

・相手が喜んで行動する「依頼の仕方」をします。

20、自ら先に与える（他者貢献）、地域・社会への恩返し

・恩返し思考（私はもらい過ぎている、感謝する思考）を意識し、クレクレ思考（やってくれ、してくれ思考。こんなにやってあげてるから、あなたはお返ししなさい。あなたはやって当たり前と考える思考）から脱却します。

・地域・社会への恩返しは、まず、身近な家庭や身近な人への恩返しから。

・私たちは小さい頃から人生の大先輩から恩を受けて育っています。身近な人への恩返しを欠かさず、地域・社会に愛される店舗になります。

## 6 ビジョンは理念の「見える化」ツール

行動指針のほかにもう一つ、経営理念とセットで考えてほしいのがビジョンです。

ビジョンというのは、経営理念をビジュアル化したもので、私はこれを「経営理念の見える化」と呼んでいます。

なぜ、ビジョンが必要なのかというと、経営理念を言葉だけで伝えようとするよりも、写真やムービーを使ってビジュアル化したほうが、伝わりやすくなるからです。

ところが、実際には、経営理念をビジュアル化している会社は非常に少ないのが現実です。私の感覚では、おそらく経営理念を作っている会社のうちの9割がビジュアル化していないといっても過言ではないでしょう。

経営理念は額に入れて飾っておくだけではダメで、社員の間に浸透することで初めて効果を発揮するのです。

したがって、そのためにもビジュアル化することが重要なのです。

実際、当社の場合も、最初のころは私が事あるごとに社員に向かって「敬護サービスを通して高齢化日本をハッピーリタイアメント社会に変えるんだ！」と言っていたのですが、私がイメージしている会社の未来像が社員たちに伝わっているのかどうかわからないような状態でした。

しかし、経営理念をビジュアル化するようになってからは、私自身も創りたい会社のイメージが鮮明になりましたし、そのイメージが社員にも伝わるようになりました。つまり、同じイメージを共有することができるようになったのです。

ビジュアル化の方法については、「宝地図」のようにコルクボードに雑誌から写真を切り取って貼り付けるものもあれば、ショートムービーにするやり方など、いろいろな方法がありますが、当社の場合はビジョンマップを使っています。

ビジョンマップについては次項で詳しく説明するとして、ここでは経営理念を社員に浸透させるにはビジュアル化することが大事だということを覚えておいてください。

# 7

# 「理想の風景」を共有するビジョンマップ

では、ビジョンマップについて説明したいと思います。

まず私が思い描く理想の会社のビジョン、すなわち「高齢化日本をハッピーリタイアメント社会に変える」という経営理念をビジュアル化したものが次ページの写真です。

真ん中に楽しそうなシニアがいて、その周りに楽しそうに働く社員がいる——。これが私の目指す理想の風景なのです。

この写真を社員に見せると、それまで私が「高齢化日本をハッピーリタイアメント社会に変える」と話していたときはキョトンとしていた社員の顔が一瞬で変わり、「なるほど、社長はこういう理想を実現したいんですね！」と言ってくれるのです。ほぼ例外なく、このような反応をします。

これがビジョンの効果なのです。

そして、この理想の姿を実現するために、どんなことをやっていくのかという「道しるべ」のようなものが、次ページに掲載したビジョンマップです。

では、ビジョンマップの創り方について、簡単に説明しておきましょう。
私はこれまでいろいろな夢実現シートを試してきましたが、その中で一番使いやすかったのが、パソコン上で作れる9つのマスに分かれたものでした。
手書きで作るより、パソコンで作ったほうが、簡単に修正したり、更新したりできますし、写真の貼り付けも簡単にできるところが気に入っています。

9マスの使い方については、私は真ん中のマスに理想の会社の写真を入れ、その周りを囲む8つのマスに、理想の会社を実現するために会社としてやるべきことを書いています。

このとき、1つのマスの中に、必ず文章と写真・絵・イラスト・図表などのビジュアルを入れるようにしています。

これをプリントして目立つところに貼っておき、達成したら「実現」と書いたハンコを押していきます。当社の場合は、A1サイズの用紙（594ミリ×841ミリ）にプリントし、社長席の近くの目につくところに貼っています。

これを毎日見ていると、写真を見ただけで、そのマスに書かれた目標がどういうものだったかがわかるようになるので、潜在意識レベルに刷り込まれていき、気がついたら自然に達成していたという感じで、不思議と次々に目標を達成する

ことができるのです。

実際、私自身がこのビジョンマップを創るようになってから、自分でも驚くくらい、どんどん夢がかなっているのです。

そして、これを創ったらずっと同じものを使い続けるのではなく、1年に1回のペースで見直しを行い、更新していきます。

以上がビジョンマップの概要ですが、ほかにもビジョンマップを創る際に押さえておかなければいけないポイントがありますので、次項で説明しましょう。

# 8

## 夢がかなうビジョンマップ、4つのポイント

ビジョンマップを創る際に押さえておかなければいけないポイントは、次の4つです。このポイントを外してしまうと効果が半減しますので、必ず守るようにしてください。

①過去（完了）形で書く
②期限を入れる
③「目標」より「目的」を優先する
④「わくわく」優先で「手段」はあとから考える

では、順に説明していきましょう。

## ①過去（完了）形で書く

先ほど紹介した当社のビジョンマップの一番上にあるタイトルを見てください。

「２０１７年　夢がかなったコンパス『ビジョンマップ』　ありがとう！　すべてうまくいきました‼」となっています。これは「夢がかなう」の間違いではなく、わざと「夢がかなった」と過去形にしてあるのです。

また、左下のマスの中の「２０２１年3末　コンパス１００店舗（直営10店舗・FC90店舗）達成」というのも、まだ達成していないけれども「達成」と言い切っています。

つまり、このビジョンマップに書いてあることは、これからやっていくことなのですが、すべて達成したものとして書いているのです。

じつは、これが大きなポイントです。

なぜなら、ゴールした未来（２０２１年）から逆算で過去を振り返ると、途中のプロセスに「臨場感」が出てきます。「夢がかなった」と未来のかなった時点で言っているイメージをしてみると、意外と途中のシナリオがイメージできてくるからです。

さらに、そこに「夢がかなったぁ」という①感情移入をしたり、「夢がかなった」ときに目にしている②自分から見た景色をイメージできると、よりゴールの臨場感がわき、わくわくします。

**②期限を入れる**

2つ目のポイントは、すべての目標に期限を入れることとです。

よく「いつかお食事でも」の「いつか」は永遠にやってこないと言いますが、目標もこれと同じで、期限を設けなければかなうことはないのです。

当社では、行動指針の18番目にも「何事にも日付を入れる」という形で入れているくらい、期限というものを重視しています。

ただし、期限を過ぎてしまったら「失敗」ということではありません。当社には「失敗」という概念はなく、「達成」か「挑戦中」かの二つしかないので、挑戦を諦めなければ「失敗」ではないのです。

### ③「目標」より「目的」を優先する

ビジョンマップでは、理想の会社という「目的」を実現するために、やるべき「目標」を8つのマスの中に書いていくわけですが、この「目標」を考える際に注意しなければいけないのが、「目標」より「目的」を優先すること。すなわち「目的（理念）」があってこその「目標」だということです。

どういうことなのか、わかりやすく説明しましょう。

これは実際に当社であった話ですが、以前、尊敬する方から大型コインランドリーをやらないかという話を提案していただいたことがありました。

コインランドリーは無人なので人件費がほとんどかからない上に、毎月安定した利益が見込めるということで、すごく魅力的な事業に思えたので契約寸前までいきました。

しかし、原点に戻って当社の目的は何かを考えたとき、「シニア」が対象の「ハッピーリタイアメント」であり、デイサービスでアンケートを取っても、ご家族も利用者様もほとんどがご自宅での洗濯で、コインランドリーを使っていないという結果もあり、慌てて取りやめたということが先日ありました。これはもちろん、コインランドリーがダメという話ではなく、当社の「目的」や「顧客対象」を考えたときに、今現在では、優先順位が低かったということです。

私の母がコインランドリーを使うかどうかを考えたとき、使わないだろうと。コインランドリーを使うのは、週末にまとめて洗濯をする若い世代の人たちであって、高齢者は使わない。だとしたら、コインランドリーは当社が行う事業ではない。結果、開業したのはシニアに特化した送迎付き美容室で大好評をいただけています。

これが「目標」より「目的」が優先するということです。

もし、あなたが何をやるかで迷ったら、目的に照らし合わせて判断するようにしましょう。

## ④「わくわく」優先で「手段」はあとから考える

4つ目のポイントは、目標を考える際は「わくわく」優先で、「手段」はあとから考えるということです。

目標を設定する場合、人は「できるか、できないか」で考えがちですが、ビジョンマップの目標を設定する場合は、「わくわくするか、しないか」「世の中に必要かどうか」を基準に考えたほうがいいと思っています。

それを達成したとき、社会が変わる、自分の人生が大きく変わるイメージができて、感情移入してわくわくするような目標がたてられたとき、今日の行動が即座に変わるぐらいの「行動エネルギー」が沸き上がります。

わくわくする目標を掲げれば、朝から晩までそのことを考え、ひらめきがでやすくなり、手段はあとからついてきます。

実際、当社では「2021年3末にコンパス100店舗」という目標を掲げていますが、この目標を初めて掲げたのは2011年のことでした。

このときは、どうやって100店舗にすればいいのか、皆目見当がついていませんでした。

しかし、昨年、全国に約350店舗展開しているフランチャイズチェーンの役員さんの話を聞く機会があり、そこでエリアフランチャイズというやり方があるのを知り、これなら100店舗達成できると確信するに至ったのです。

ちなみに、エリアフランチャイズとは、フランチャイズ本部が一定のエリアにおいて、フランチャイズ展開をするための本部機能を特定の企業に与え、その企業がそのエリア内でフランチャイズ展開を進めることです。

このやり方なら、当社がすべて、直接的にフランチャイジーを集めなくても、単純に考えて、全国に10のエリアフランチャイズ本部を設け、その企業が10社ずつエリアフランチャイジーを集めれば、100店舗出店できる計算です。

この例は、目標を掲げたときは手段が思いついていなくても、思い出すたびにわくわくしていれば、情報を引き寄せる、手段はあとから思い付くという、ひとつの例といえるでしょう。

以上の4つがビジョンマップを作るときのポイントです。

なお、当社では、社員の夢を応援するために、社員にもビジョンマップの作り方を教えていますので、ビジョンマップの作り方を詳しく知りたい方は第7章をご覧ください。

## 9

## ビジョンマップは2カ月に一度、必ず目につくようにする

ビジョンマップは、2か月に一度、更新するたびに、基本的に全社員に社員総会で説明の時間を取ります。

紙を配布するだけだと、配られたときは見ても、その後はどこかにしまいこん

で二度と見ない社員もいますので、当社では必ず2カ月に一度のペースで、嫌でも目に、耳に、入る仕組みになっています。

さらに、3カ月に一度のペースで行っているのが「SNS（社長と何でも相談会）」いわゆる社長面談です。

SNSで社長が話す話題は、主にビジョンマップを絡めた理念と行動指針、プロジェクトの目的と進捗の話、そして、社員の「わくわく」について話します。

そして、いつも社長席の壁にはA1サイズのビジョンマップが貼ってあります。ですので、この不自然な感じはいやでもビジョンが目に入り、気になります。

社員にとっては、まさに理念のシャワーを浴びているような感じでしょうが、それが、意識・無意識の両面から理念の浸透につながっていくと私は確信しています。

## 10

# ビジョンマップの伝え方にはコツがある

ＳＮＳ（社長面談）の際、ビジョンマップの内容について社員から質問されることがあります。

特に多いのが、社員の利益に反すると思われる項目です。

たとえば、８つの目標の中に「訪問看護ステーションを２０１７年12月末までに55人体制にする」（２０１７年版のビジョンマップ）という項目があるのですが、これについて「どうしてそんなに人を増やす必要があるのですか？」という質問をよくされます。

この質問の背景には「そんなに人を増やしたら、私たちのインセンティブが減るじゃないか！」という社員の思いがあるのでしょう。実際、そのようにズバリ言ってくる社員もいました。

また、「全体売上7億円／年間」（２０１７年版のビジョンマップ）という項目についても、何もしないとこの売上目標自体がほとんどの社員のモチベーションにはならず、どうしてそんなに売上を上げなければいけないんですか？」という質問をされることになります。

こういうとき、私は必ずその項目が、そもそも、単なる会社都合から出たものではなく、会社の理念に沿った目標であり、それを実現することは社員にとっても良いことなのだということを説明するようにしています。

たとえば、「訪問看護ステーションを55人体制にする」、要するに、「前年比で4割増員」ということなのですが、この項目については、そもそも、次のような意味があり、社員目線で説明しています。

①大規模なステーションにすれば、ケアマネジャーさんから信頼されるようになり、利用者さんをたくさん紹介してもらえるようになる

②利用者さんが増えれば、「高齢化日本をハッピーリタイアメント社会に変える」という当社の理念に近づくことになる

③たしかに、あなたが言うように社員人数が増えれば、一時的に仕事の割り振りが減り、インセンティブが減るかもしれない。しかし、それは一時的なことで、1年の期間で見れば、会社の信用が厚くなることで利用者が増えて、インセンティブも増えるようになる

④しかも、人数が増えれば、有給休暇が今よりも取りやすくなるようになるので、お盆の時期に5連続で有給休暇を取って、前後の土日と合わせて9連休にすることも夢ではなくなる

⑤私はそんな会社を目指したいんだけど、そんな会社に勤めていたらカッコ良くない？　9連休が取れたら良くない？

一方の「年商7億円」については、次のように説明しています。

①当社の目標の1つに「2022年12月に家族を招いての社員旅行」があるよ

ね。これに1人あたり5万円かかるとすると、100人の社員とその両親2人で合計300人なので、全部で1500万円かかることになる
②その費用を会社が気持ちよく全額捻出するためには、2021年度までに最低でも12億の売上と3億の利益が必要で、そこへの段階的なシナリオとして今年は最低でも売上が7億円必要になるんだよ
③社員旅行といっても、現地に着いたら自由行動にする予定だから、思いっきり親孝行することもできるよ。そんな社員旅行に行きたくない?

この想いを共有すると、ほとんどの社員が「いいですね!」とか「行きたいです!」と言ってくれます。

その理由は、会社からの一方的な押し付けではなく、同じ内容のことを社員たちの「自分事」に置き換えて表現しているからです。しかも、真のシナリオを開示しているだけです。同じことを伝えるにしても「表現」の「矢印の方向」を変えるだけで伝わりやすくなります。

これが、社員に目標を伝えるときのコツなのです。もちろん、社員たちの「自

分事」は社長が本気で実行するのが信頼関係です。

そもそも目標の内容自体が大切なのはもちろんですが、内容が良くても「俺が決めたんだからやれ！」といった一方的な表現では、社員は心からの納得はしません。

社員にも関係のあること、社員にとっても良い話だという内容に気づいてもらえる方向から話すと、共感・賛同の雰囲気になりやすく、伝わります。

# 第5章

ステップ②「体現」

# 社長やリーダーが
# 理念を「体現」しているか?

## 1

# 理念を浸透させるために創った「理念浸透部」

前章では経営理念や行動指針、ビジョンマップについて説明しましたが、これらは創るだけでは十分ではありません。

大事なのは、社員の間にいかに理念を浸透させていくかということです。

そこで本章では、理念を浸透させるために当社が実践していることをお話ししたいと思います。

まずは、「理念浸透部」という部署を創ったことです。

「理念浸透部」という名称の部署がある会社は、おそらく日本広しといえども当社だけではないでしょうか。何をする部署かというと、その名の通り、理念を浸透させるためにはなんでもやっていこうという部署です。

組織図上でいうと、一般的な会社の「管理部」の位置にあります。

理念浸透部の中に、人事課、経理課、おもてなし営業事務課などの部署を配置しています。人事も経理も事務も全て、理念を浸透させるためにあるという「カタチ」と「アピール」です。ですので、会社業務全体に絡みます。

カタチといっても、人事に関しては理念の実行度合いが評価になったりしますので、かなり実体的なものです。

特に、おもてなし営業事務課が具体的に何をやっているのかというと、たとえば、会社への来訪者へのウェルカム対応、全社員のバースデイサプライズや、後ほど説明する「社長講話」の段取りをしたり、創業物語のムービーを創ったりといった直接キャッシュは生まないものの、大きな価値を生み出す仕事をしてくれています。

理念浸透部を作ったのは2014年ですが、この部署を創ったことで、「社長は本気で理念を浸透させようとしている」ということを社員に伝えました。これが伝わることで、社員のほうも受け入れ態勢ができつつあるのではないかと思います。

## 2

# 何を言うかより、誰が言うか？　理念浸透は社長やリーダーの普段の「体現」度合いで決まる

第2ステップの「体現」については、第3章でも書いた通り、社長（リーダー）自らが経営理念や行動指針を実践していることが非常に重要になります。

社員というのは、社長・リーダーの発言や行動を本当によく見ているものです。ですので、経営理念や行動指針を作成した以上、社長はそれらを「やる」と決め、言行一致、一貫性をもって実践していかなければいけないのです。

社長やリーダーが裏表なく、普段から、「自分の言葉（理念）を体現している」ことで、部下が真似をして、社内に浸透していきます。

人間関係には、時間差の「鏡の法則」というのがあって、部下の行動は、少し前に社長やリーダーがしている「行動」や「言葉」が影響しています。

傾向として、リーダーは部下の言葉や行動ばかりを意識していますが、リーダー

自身の言葉や行動は無意識にしているので、部下から不信感が出やすくなるのです。言ってるあんたがやってないじゃんということになります。「人は言っていることは建前、やっていることが本音」というのは、誰もが直感的に感じ取っています。

理念や行動指針は、社長自身・リーダー自身が暗記しておくというのも一つの手ですが、そもそも自身の理念・信条ですから、いつも気にかけていること、ふと、口をついて出てくることを理念にした方が、自然に体現しやすいでしょう。

以前、ある会社の社長と経営理念の話になった際、「御社の経営理念は何ですか？」と質問したところ、その社長は「えーと、何だったたっけなぁ。ちょっと待ってください。今、資料を出しますから」と言っていました。

私はこの答えを聞いた瞬間、少なくとも言語化されてはいないので、この会社では経営理念は浸透していないであろうとすぐわかりました。

なぜなら、社長が忘れているのに、社員だけが覚えていて体現していることなど、あり得ないからです。社員が体現していたとしても「たまたま」です。

ちなみに、当社の行動指針は前述したように20個ありますが、私はすべての項目を資料なし、パソコンなしで、ことあるごとに社内プレゼンテーションするようにしています。これらはそもそも自分自身の「信条」でもありますので、新たに覚える必要もありません。そして、自分が何かをするときは、必ず経営理念と行動指針に沿った行動をとるようにします。

このように、社長やリーダーが率先して理念を言語化して、体現し続けていれば、社員にも自然に理念が浸透していくものだと思っています。

実際、私が行動指針の8番目の「プラス受信・プラス発想・プラス言葉」を実践し、会社にとって良くないことがあったときでも「おもしろくなってきた！」と言っていたら、私の周りにいる社員たちも同じように、悪いことがあったときも「社長、おもしろくなってきましたね」と言うようになってきました。

理念の浸透は一朝一夕にできるものではありませんが、社長やリーダーが「体現」を継続し続けていれば、浸透していくものなのです。

## 3

# 社長講話をセミナー化し、具体的な「行動指針」を浸透させる

前述のとおり、当社では2カ月に一度、全社員が一堂に会する全体会議を行っているのですが、その際、1時間ほど社長講話の時間を取って、20の行動指針についての話をしています。実際、理念を体現するにも、具体的な行動指針が非常に重要だからです。

現在、当社の行動指針はホームページにすべて載せているので、社員はもちろん、誰でも見ようと思えばいつでも見られるような状態になっています。しかし、それだけだとなかなか浸透していかないので、次のように6つのカテゴリーに分けて、年に6回、2カ月に1回のペースでセミナー形式で話をしているのです。

ちなみに、この6つのカテゴリーのセミナーは外部でも講演しています。

【第1回目①／⑳】テーマ：安全最優先と「恩返し（与える）」モードで生きる

①安全・倫理観

⑳自ら先に与える（他者貢献）、地域・社会への貢献

【第2回目②／③】テーマ：「敬う」チームビルディング

②笑顔・挨拶主義者・清掃（5S3T）

③誇りの尊重（介護の新3K＝「3敬」）

【第3回目④～⑦】テーマ：成長思考の習慣化（成長・進化を意識して生きる）

④全ての因は我にあり

⑤やると決める、あきらめることを捨てる

⑥「これは何のチャンスか？」考える（好運を信じる）

⑦能力全開・出し惜しみゼロ

【第4回目⑧〜⑫】テーマ：プラス思考の習慣化（自分の心の在り方）
⑧プラス受信・プラス発想・プラス言葉
⑨近未来の良いイメージを強く持ち、行動につなげる
⑩不満を提案に変える
⑪感情を客観視する
⑫応援される人になる

【第5回目⑬〜⑮】テーマ：グッドグラスの習慣化（相手との接点）
⑬ほめる
⑭人と長所でつきあう
⑮感謝を伝える姿勢

【第6回目⑯〜⑲】テーマ：目的思考と行動優位（行動を起こす力）
⑯「理念」に基づく自己判断
⑰速い行動、大量行動

⑱何事にも日付を入れる、行動を評価する、評論は不要
⑲相手本位の「わくわく」を創りだす

これを毎年、エピソードを新規更新しながら繰り返していますので、古くからいる社員は耳にタコができているかもしれません。しかし、何度繰り返して説明してもなかなか伝わらないことも多いのが事実です。

たとえば、４番の「全ての因は我にあり」の説明をした翌日に、「あの部下は何度言っても言うことを聞かないんですよ」と相談してきたリーダーもいます。「それはまさに昨日説明した話だよ。全ての因は我にありで、彼が言うことを聞かないのは、彼が悪いのではなく、あなたが彼との間に『信頼関係』を創れてないからだと思うよ」と言うと、「ああ、なるほど。こういうときの話なんですね」となるのです。

当社の場合、経営理念や行動指針はかなり浸透しているほうだと思いますが、それでもまだまだ１００％ではありませんので、１００％に近づけられるよう、

今後も一つの手段として、社長講話は続けていきたいと思っています。

# 4
## 創業の想いを実際のストーリーで語る

理念を浸透させていくためには、創業の想いや実際の出来事を物語形式で語ることも非常に重要です。なぜなら、社長がどういう想いや経緯で今の会社を創ったのかという背景がわかれば、社員も経営理念の意味を理解、行動しやすくなるからです。

ちなみに、私の起業物語は、当社のホームページの「代表挨拶」と「感動ムービー」の中で書いています。

参考までに、以下に紹介しておきたいと思います。

こんにちは。リハビリ型デイサービス「コンパス」代表の小池修でございます。

「コンパス」事業・「コンパス・ヴィレッジ構想」に、ご興味をお持ち頂き、ありがとうございます。感謝しております。

## ●「コンパス」って？　「ヴィレッジ構想」って？

私共の「コンパス」とは、一言であらわすと「羅針盤」という意味で、シニアの心と体の「機能回復」「最良の人生の回復」を目標にした「羅針盤（コンパス）」を、関係者全員で共有・共感し、常に行動にしていこうという「想い」から名付けました。

「ヴィレッジ構想」とは、一言でいうと、①「シニアの在宅での生活」維持をサポートするための、②本気の民間企業による、③４００ｍ～５００ｍの範囲で展開する、小規模で、顔の見える「地域包括システム」です。

●コンパスヴィレッジ構想
「自分が歳をとったら、同年代のお年寄りばかり集めた、コンクリートでできた施設の中の個室で暮らす生活をするのか？」

「体が不自由になると、ずっと周りに気を使って、行きたいところに、行きたい時に、行くこともできなくなるのか？」

「見守られて生きていくのか？」

「体の自由が利かなくても、なお、自分のペースで、わがままに、楽しく生きていけないか？」

そんな希望を叶えるために、当社は、ずっと住み慣れた自宅で過ごしていくことをサポートする「コンパス・ヴィレッジ構想」を推進します。

ずっと、今まで生活してきた自宅での生活を続けられるように、ずっと、社会参加し続ける活力や生活動作を維持・向上できるように、ずっと個人が尊重されて、毎日笑顔で過ごせるように……。
・2021年3月末までに、歩行訓練特化型デイサービス「コンパスウォーク」を全国に100店舗FC出店する。

・2026年3月末までに歩行訓練専門の「コンパスウォーク」を軸に、周辺に、訪問看護、介護タクシー、訪問介護、居宅事業所、福祉用具、1日型役割りデイサービス、コミュニティサロンなどを配した「コンパスヴィレッジ」を全国に100ヶ所展開する。

---

**●で？　今、何をやってる会社なのか？**

リハプライム株式会社は、「高齢化日本をハッピーリタイアメント社会に変える」「お年寄りを介助して護る『介護』サービスではなく、人生の大先輩を敬って護る『敬護』サービスをする」をスローガンに、いわゆるリハビリ型デイサービスと訪問看護ステーションの運営をメインにして実施している会社（2017年5月時点）ですが、デイサービスや訪問看護はあくまで「手段のひとつ」で、利用者様の「羅針盤（コンパス）」に向かうために必要な「手段」はすべてやっていくグループだという意識で志事をしています。

---

私たちは、加齢は他人ごとではない、そもそも「高齢者」という人間が存在しているのではなく、私たちが漏れなく、ほぼ今の「感性」のまま、成長していく姿そのものが「高齢者」であることに気がつきました。そして、いわゆる「介護」ではなく、人の「誇り」を大切にした「敬護」、敬って護るサポートサービスが手段・手法として必須であると確信したのです。

この志事に携わり、多くのシニアとお話しさせて頂くことによって、人は長く息をしていく長生きを目的にしているのではなく、いつまでも心躍る日常に幸せを感じていたいのだということをリアルに学びました。「孫と一緒にどこ行こう」「今年は京都にいくぞ」、そんな「わくわく感」「躍る心」「幸福感」が生きる目的であることをズシンと理解しました。

「今の私」がしたいものがない。「今の私」がされたくないことがたくさんある世界を、少しでも変えていきたいと強く思います。

今思えば、私が幼かったころに大切に育ててくれた両親のため、将来私がいなくなった後に残る家族、娘たちが高齢になって嫌な思いをしなくていいように、この志事に本気で取り組もうと思ったのは、2011年冬でした。

● 「なぜ、本気で取り組むのか?」「2011年冬」

私が、まず最初に、両親の住むさいたま市で、デイサービスを開業しようと思ったきっかけは、両親が突然、同時に病に倒れたことでした。私は両親と、さほど遠くもない距離に住んでいましたので、長年勤めた上場会社の執行役員を辞めてまで起業するなど、その時は全く想像もしていませんでした。

その時、まずは、自分の両親を安心して預けることができる福祉施設を探しに、狂ったように施設見学をたくさんしました。

しかし、残念ながら、自分の両親を安心して預けても良いと思える施設が見当たらなかったのです。

「預けられない」と感じた理由は、私の個人的な価値観だったかもしれません。ただ、多くの施設（もちろん全てではない）で、人生の大先輩に「ちゃんづけ」、認知症の方を「にんちゃん」などと呼んでいるのを目の当たりにして、呼吸ができないくらいのショックを受けたのを昨日のことのように覚えています。

●「本気のスタート」「収入も、コネも、ノウハウも、ゼロの船出」

そこで、ずいぶんと悩みましたが、当の両親や家族からの強烈な反対も押しのけて、長年の会社勤めに終止符をうち、起業しました。40代半ばを過ぎてからの決断です。他人に任せたら後悔する、自分で開業するしかないという想いだけだったと思います。

今から思うと、手に入れたばかりの夢のマイホームや愛車をたたき売り、家族の保険まで解約してのスタート、ついてきた家族には感謝しています。

スタートは、息子が両親のために「あったらいいな」をカタチにした介護施設が、創業1号店「コンパス大宮西口」です。

すぐに、人生の大先輩の「誇りを大切にする」温かい施設だと評判になり、短期間で入所待ち状態になったこと、さらに2年後にオープンした「コンパス訪問看護ステーション」も、開所2年で地域で最大級のステーションとなったことで、私たちの「あり方」と「やり方」は間違っていないと確信できました。

そして、ついに2015年4月。満を持してリハビリ専門職による〝歩行訓練特化型のリハビリデイサービス〟の1号店「コンパスウォーク宮原」を開発し、オープン。すべての「想い」を結集したこの店舗は、3カ月でのスピード黒字化を実現。多くの利用者様からの指示をいただきました。

翌年5月には、フランチャイズ展開の1号店、「コンパスウォーク板橋本町」オープンを皮切りに、続々と「コンパスウォーク」をオープンしています。

この「コンパスウォーク」を単なるデイサービスではなく、シニアの「わくわく感」にフォーカスした「コンパスヴィレッジ構想」の中核施設として、地域貢献を加速していきます。

スタートは個人的なことでしたが、今は違います。

「実績豊富なリハビリトレーニング」を通して、ご利用者様の「機能回復」「最良の人生の回復」を目標とした「羅針盤（コンパス）」を全員で共有し行動していくことが、私たちの会社のミッション（使命）となりました。

シニアの幸せつくりが、私たちの幸せつくりに直結しているこの仕事（志事）を私たちは誇りに思っています。

最初は躊躇しましたが、この中で、突然両親が病気で倒れたことや、両親や家族に起業を反対されたことなどを赤裸々に書いています。こういう話を包み隠さずそのまま盛り込んだほうが社員だけでなく利用者様の心にも届くのだと確信しています。

私の場合はたまたまこのような物語でしたが、人によってはこのような物語をすぐに言語化できないかもしれません。

しかし、創業当時のことを振り返ってみれば、誰にでも必ず創業の想いというのはあるはずなので、それを物語にしてみてください。

## 5

## 創業物語のムービーを創って社員に見せる、語る

さらに当社の場合は、文章だけでなく、創業物語のムービーも創っています。

タイトルは「コンパス創業物語　さいたま市の小さなデイサービスの軌跡」です。ただ、ムービーといっても、映像制作会社に発注して作ってもらうような本格的なものではなく、基本的には文字と写真と動画を組み合わせた簡単なものなので、すべて自分たちで創っています。

もともと、このムービーは起業時から社史を創って採用に活用しようと、外部の「感動物語（ムービー）コンテスト」に応募するために創りましたが、在籍社員にも理念浸透のためにムービーを必ず見てもらうようにしています。さらに、ホームページで公開して誰でも見られるようにするとともに、新入社員には入社時のオリエンテーションのときに必ず見せるようにしています。

時代が変わり、多くの若者が文章を読まない傾向にあるので、ムービーのほうが浸透しやすいようです。

なお、当社ではこの創業物語のほかにも毎年1本、次のようなタイトルのムービーを作成し、ホームページで公開することで、理念の浸透を図り、「自分にもできる」行動を示唆しています。

「ありがとうを伝えるデイサービス」（２０１２年）
「介護施設で学んだ【大切】なこと」（２０１３年）
「介護を【志事】にできる幸せ」（２０１４年）
「家族思考リハビリテーション」（２０１５年）
「もう一つの幸せ物語」（２０１６年）
「ＭＭＤＳ（娘・息子代行サービス）」（２０１７年）

【介護】ではなく、【敬護】を

～ありがとうを伝えるデイサービス～

介護施設で学んだ【大切】なこと

～８４歳の大先輩からの教え～

介護を【志事】にできる幸せ

～【今】、僕にできること～

【コンパス創業物語】

人間尊重デイサービス～年を重ねてこそ、心躍る毎日～

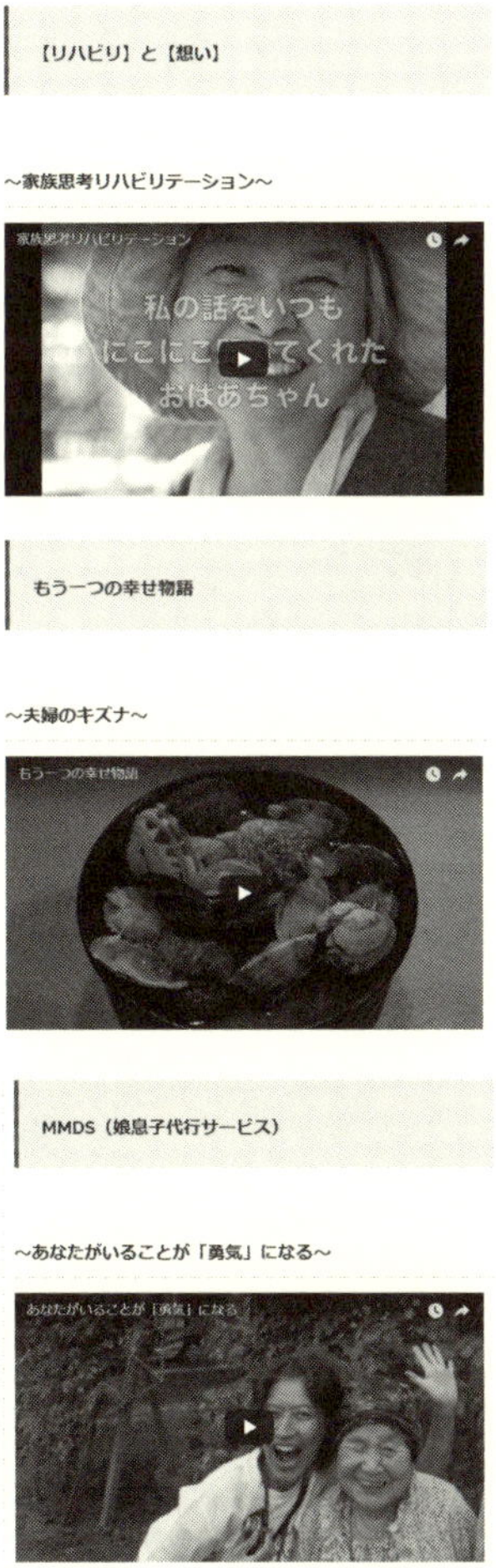


## 6

# 管理職は「自分（の言動）管理職」たれ！

理念の体現は社長が率先して行うことは当然ですが、組織が大きくなればなるほど、社長ひとりが体現しているだけでは浸透するのに時間がかかってしまいます。そこで、理念を早く浸透させるためには、やはり普段から現場で社員と接する機会の多いリーダー（管理職）たちが理念を体現することが重要になってくるのです。

通常、リーダー（管理職と）いえば、部下の行動を管理するのが仕事だと思われがちですが、当社では「管理職は自分（の言動）管理職たれ！」と言っています。

つまり、影響力のあるリーダー（管理職）は部下を管理するのではなく、自分自身の発言や行動を管理しなさい、経営理念や行動指針を体現したものになっているかどうかを、常に自己管理しなさい、と言っているのです。

その一つが、前項で少し触れた行動指針8番目の「プラス受信・プラス発想・プラス言葉」で、普段使っているマイナス言葉を視点を変えてプラス言葉に変えることです。たとえば、部下に向かって「馬鹿じゃないの？」と言うと、言われた部下は嫌な気分になりますが、「個性的だな」と言い換えることで、自分も部下も嫌な気持ちにならずにすむのです。

「馬鹿じゃないの？」は自分のストレス発散でしかなく、何も生み出しません。「個性的だな」と言い換えを考えている時間で、自分の言葉を客観視し、冷静になり、少なくとも雰囲気の破壊を防げます。

ほかにも、社内で使っている言い換えに次のようなものがあります。


「イライラするなぁ」↓「成長のチャンスだな」

「やってられない」↓「やりがいあるな」

「何度言ってもダメ」↓「言葉の引き出しが増えるな」

「大変なことになった」↓「エキサイティングだ」

「ひどいなぁ」↓「**おもしろくなってきたな！**」

「お前、ダメだな」↓「**お前らしくないな**」


特に、「**おもしろくなってきたな！**」は、前向き思考を創る魔法の言葉で、いわゆる「ひどい」と思われる状況になったときに、だまされたと思って使ってみてください。この言葉の後に、自然と、前向きなアイディアが出てきます。

さらに、「**お前らしくないな**」も魔法のほめ言葉です。失敗した部下を「ダメだな」といっても何も生み出しませんが、「お前らしくないな」と言い換えるだけで、普段の部下を肯定する「ほめ言葉」にも変わるのです。

さらに、普段、「順調」を表現するときも、次のように少し大げさに表現することでモチベーションを上げることができます。

「素晴らしいな」→「素晴らしすぎるな」
「絶好調だ」→「すごすぎる」
「興味深い」→「興味津々」
「何をやってもうまくいくな」→「完璧に波に乗ったな」
「賢いな」→「IQ高すぎ」
「ついてるな」→「つきまくりだな」

このように、管理職も普段から自分の言動を管理することが大事なのです。せっかく部下が「好調」の波に乗っているのに、せっかく宝くじが当たったのに、「〝運〟をこんなところで使っちゃってかわいそう」などと、ひがむ人もいますが、自分の周りに絶好調の人がいれば、自分もいいほうに引っ張られるので、ぜひ「お前、すごすぎるな。完璧に波に乗ったな。俺もがんばろう!」と言ってあげてください。

第6章

ステップ③「信頼」

# 社員の味方となり「信頼」しているか?

## 1

# 「人は誰もがダイヤの原石」と信じる

社員が辞めない会社作りの第3ステップは、社員との信頼関係を構築することです。

第2ステップの「理念の体現」ができれば、社員から「あの人は言っていることとやっていることが違うから、信用できない」と言われることは、ひとまずなくなります。

しかし、それだけでは社員との信頼関係が構築できたとは言えません。

社員から信頼される社長やリーダーになるためには、まずは基本的な考え方から変えていく必要があるのです。チームを創っていく上での「信頼関係」は、パソコンのOSのようなもので、パソコンはいくら便利なアプリケーションをインストールしても、OSがしっかりインストールされていなければ機能しません。

じつは、社長やリーダーの中には「うちはいくら言っても動かない社員が多くて困る」とか、「何度言ってもダメな社員が辞めてくれてよかった」といったことを言う人がいます。しかし、本当に「ダメな社員」なんているのでしょうか？

これは、このように言っている社長やリーダーが、一方的に、自分目線で勝手にダメだと決めつけているだけです。言葉は相手との関係性において、相手に届きます。言葉が伝わらないのは「信頼関係」がないからです。言ってみれば、相手が言うことをきかないのは、その社長やリーダーとの信頼関係がないからです。

ダメな社員などいないのです。

なぜなら、「人は誰もがダイヤの原石」だからです。

どんな社員でも、磨けば光ります。

もし、まだ光っていない社員がいるとしたら、それは磨いていないか、磨き足りないか、磨き方が間違っているかのどれかでしょう。

「人は誰もがダイヤの原石」と信じるということは、言い換えれば、「社員の長所も欠点も受け入れる覚悟をする」ということです。

たとえば、外から自分の部署に電話をかけたら部下が出て、ひどいぶっきらぼうな電話の対応だったとします。そもそもこの部下がダイヤの原石で素晴らしい才能を持っていると信じていれば、単純に「そうか、できないのか。教えよう」と思えますが、部下の善悪を判断するつもりでいると「こいつ、ダメな奴だ。イライラするなあ」という反応になってしまいます。

人は自分の欠点を受け入れてくれた人の話を聴きます。正しいか、正しくないかではなく、**「自分を信じてくれる味方」**かどうかで心を開くのです。

社員から、今でもたまに、全て良いようにとらえる私に対して「社長、それじゃダメな社員をゆるしてませんか？」と言われることがありますが、根本的に違うのです、見ているところが。一般的な弱みを強みに言い換えること（「いい加減」を「おおらか」と言い換えるなど）も、「結局、ダメなところがファジーになりませんか？」とも言われますが、違います。

信頼関係が生まれるには、まず、正しいか、正しくないかを判断するのではなく、親が子を信じるように、心から味方になって社員を「素晴らしいダイヤの原石」だと信じるということです。

そして、人間関係には「自分がやったことが、時間差でそのまま、自分に返ってくる」という、「時間差の鏡の法則」しかありません。

信頼関係というのは、お互いが相手のことを信じ合って初めて成り立つものですが、まず、先に自分が部下を信頼できているのかどうか。

自分から部下を信じていないところに、信頼関係が成り立つことはありません。

したがって、まずはあなたが「人は誰もがダイヤの原石。社員はひとりひとり素晴らしい」と信じることから始めましょう。

## 2 他人と自分は絶望的に違うことを知る

もう一つ、社員やリーダーが社員との信頼関係を築くために、ぜひとも知っておかなければいけないことがあります。

それは、「他人と自分は絶望的に違う」ということです。

「絶望的」と言うと大げさに聞こえるかもしれませんが、それくらいに思っておいてちょうどいいと私は思っています。

リーダーの中には、言うことを聞かない部下に対して「そんなの常識だろ！」「いちいち説明しなくてもわかるだろ！」と怒鳴っている人がいますが、私に言わせれば、それは間違いです。

なぜなら、リーダーの常識と部下の常識は違うかもしれませんし、世の中には説明しなければわからないことも多いからです。

また、人によって考え方も価値観も違いますし、同じものを見ているようでも、見えているものが違うこともあります。


たとえば、次の風景画を見てください。

有名な絵なのでご存知の方も多いと思いますが、この一組のカップルが書かれている絵、カップル以外に、あなたは何が見えたでしょうか？

木の根ですか、それとも湖ですか？

それとも「上向きの赤ちゃん」ですか？　絵全体に大きく書かれていますね。

この絵は、一部分を見るか、大きく全体を見るかの見方によって、見えるもの

が違うように描かれているのですが、

このように同じものを見ても人によって見え方が違うということが、現実の世界でも起こっているということです。

同じものを見ているようでも、見えているものが違うことはよくあることなのです。

また、あくまでも一般論ですが、男性と女性の脳にも基本的な違いがあると言われています。それは、男性に多いのが解決脳なのに対し、女性に多いのは共感脳だということです。

要するに男性は何か問題があると、その問題を解決しようと考えるのに対し、女性は何か問題があると、その問題に共感してもらいたいと思うものだということです。

リーダーは、男女の間に、または、個人個人で、このような違い（傾向）があることを理解した上で、部下と接する必要があるのです。

人はとかく自分と他人は同じものが見えていると思い込みがちですが、決してそんなことはありません。

自分と他人は絶望的に違うのだという前提で社員に接するようにしたほうが、社員との信頼関係を構築しやすくなるといえるでしょう。結果的に他人の欠点を受け入れることにもつながります。

もっと別な言い方をすれば、部下に対して「～すべき」「～であるべき」という常識は、自分固有の価値観であると認識したほうが、前向きな解決をしやすくなります。

たとえば、客先訪問時に、待ち合わせ時間ギリギリに走り込んできた部下がいたとします。「上司と待ち合わせをするなら10分前には来るべきだろう、それをギリギリに来やがって……」などと、イラついても何も生み出しません。

「10分前自体が自分の常識だった。ちゃんと説明しておかなかったのが悪かった……」と思えれば、自分自身の次の行動が磨かれ、自分も部下も進化できます。

# 3 社員との信頼関係を築く3つのK

「人は誰もがダイヤの原石である（元来、この人は素晴らしい）」と信じ、「他人と自分は絶望的に違う（欠点を受け入れる）」という認識に立った上で、では具体的に何をすれば社員との信頼関係を構築しやすくなるのでしょうか?

当社では、次の3つのKが大事だと教えています。

3K（きつい、汚い、危険）ならぬ、「新・3敬」です。

①関心を持つ
②感謝する
③共感する

リーダーが普段から「関心」「感謝」「共感」という3つのKを実践することで、

社員との信頼関係を構築することができるのです。

では、それぞれどういうことなのか、詳しく説明しましょう。

## ①社員にプラスの「関心」を持ち、社員の価値に気づく（グッドグラス）

3Kの1つ目のKは、社員にプラスの「関心」を持つことです。

相手の良いところと、相手と自分との共通点だけが見える「グッドグラス」をかけて過ごしましょうということです。

人は、自分に対して無関心でいられることほど、寂しいものはありません。

逆に、どんな些細なことでもいいので、こまめに声をかけてくれたりする人に好感を抱きます。

そして、そういう職場に社員たちは幸せを感じるのです。

だから、リーダーは常に社員に関心を持っていたいものです。

その上で、社員の価値に気づいてあげることが重要なのです。

前述したように、人は誰もがダイヤの原石です。だから、良いところがたくさんあるはずです。

それを発見し、伸ばしてあげることがリーダーの仕事であり、そういうリーダーに社員はついていこうと思うのです。

「彼はいつも返事だけはいいんですよ」と、部下の不満を口にするリーダーがいますが、そういうとき私は「せっかく返事がいいのであれば、返事がいいことをまずは認めてあげようよ。返事がいいことまで否定したらかわいそうだよ」と言っています。

「いつも返事だけだな」と言われるより、「おっ、いい返事だね!」と言われたほうが部下はうれしいし、やる気になります。

物事には表と裏があるように、どんなことでも見方を変えれば、必ず良い面が見えてきます。相手の良いところと、相手と自分との共通点だけが見える「グッドグラス」をかけるつもりで、次のように一見マイナスに思えるようなことでも、見方を変えればプラスになるのです。

・ルーズ　↓　おおらか
・生意気を言う　↓　頭がいい
・調子に乗る　↓　ノリがいい
・落ち着きがない　↓　行動的
・言ってもやらない　↓　自分を持っている
・人見知り　↓　感受性が豊か
・言うことを聞かない　↓　自分の意見がある

さらに、いわゆる失態も「視点を変える」と……、
・遅刻した　⇓　遅刻してもちゃんと来た、いつもはしっかりと来ている
・何度もクレームをもらう　⇓　期待されている、ちゃんと報告できる

などなど、自分の子供だったら、こんなことを言われても、親だったらこう理解するという愛の視点が大切です。甘やかすこととは全く違います。

要は、「味方の視点」かどうかです。それが正しいかどうかではないのです。

社員は自分の価値を認めてくれるリーダー、「自分の味方のリーダー」がいたら、

そう簡単に会社を辞めようとは思いません。

だから、リーダーは常に社員にプラスの関心を持つことが大事なのです。

**②「感謝」が伝わらなければ感謝していないのと同じ（伝わる「感謝」）**

3Kの2つ目のKは、社員に対して「感謝」することです。

「感謝」とは、当たり前のことに「ありがとう」を言えること、自分が悪くないことにでも「ごめんなさい」を言えること、さらには、そう言える心の状態です。

そして、私はそもそも「相手に伝わらない感謝は、存在しないのと同じ」だと思っています。いくら心の中で感謝しているといっても、それが相手に伝わらなければ、感謝していないのと同じだということです。

したがって、当社では確実に相手に感謝の気持ちを伝えるために、思っているだけでなく、言葉にして伝えるという意識を持とうと言うだけでもなく、「ありがとうシート」と「イイネBANK」という2つの言語化ツールを使っています。

まず「ありがとうシート」ですが、これは「ありがとう」と思ったことを書いて渡すためのシートです。

当社の場合、新入社員にはまず、入社後、必ずこのシートを書いてもらうようにしています。

具体的には、入社してから2週間以内に、どの社員に対してでもいいので、「ありがとうと思ったこと」「すごいと思ったこと」「印象に残ったこと」を個人名宛で、合計50個書いてもらっています。

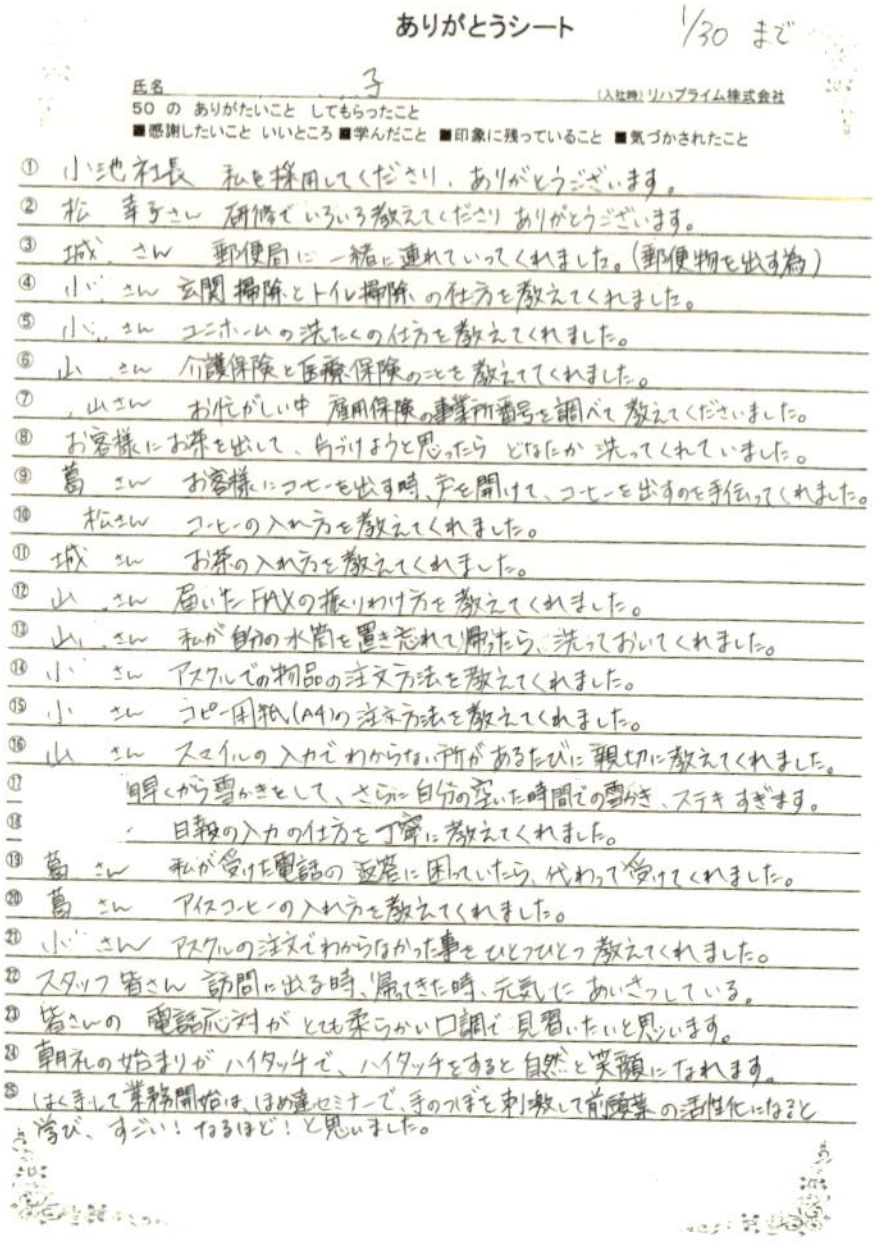
ありがとうシート　1/30まで

氏名　子　（入社時）リハプライム株式会社

50 の ありがたいこと してもらったこと

■感謝したいこと いいところ ■学んだこと ■印象に残っていること ■気づかされたこと

① 小池社長 私を採用してくださり、ありがとうございます。
② 松 幸子さん 研修でいろいろ教えてくださりありがとうございます。
③ 城 さん 郵便局に一緒に連れていってくれました。（郵便物を出す為）
④ 小 さん 玄関掃除とトイレ掃除の仕方を教えてくれました。
⑤ 小 さん ユニホームの洗たくの仕方を教えてくれました。
⑥ 山 さん 介護保険と医療保険のことを教えてくれました。
⑦ 山さん お忙がしい中 雇用保険の事業所番号を調べて教えてくださいました。
⑧ お客様にお茶を出して、片づけようと思ったら どなたか洗ってくれていました。
⑨ 葛 さん お客様にコーヒーを出す時、戸を開けて、コーヒーを出すのを手伝ってくれました。
⑩ 松さん コーヒーの入れ方を教えてくれました。
⑪ 城 さん お茶の入れ方を教えてくれました。
⑫ 山 さん 届いたFAXの振りわけ方を教えてくれました。
⑬ 山 さん 私が自分の水筒を置き忘れて帰ったら、洗っておいてくれました。
⑭ 小 さん アスクルでの物品の注文方法を教えてくれました。
⑮ 小 さん コピー用紙（A4）の注文方法を教えてくれました。
⑯ 山 さん スマイルの入力でわからない所があるたびに親切に教えてくれました。
⑰ 朝早くから雪かきをして、さらに自分の空いた時間での雪かき、ステキすぎます。
⑱ 日報の入力の仕方を丁寧に教えてくれました。
⑲ 葛 さん 私が受けた電話の返答に困っていたら、代わって受けてくれました。
⑳ 葛 さん アイスコーヒーの入れ方を教えてくれました。
㉑ 小 さん アスクルの注文でわからなかった事をひとつひとつ教えてくれました。
㉒ スタッフ皆さん 訪問に出る時、帰ってきた時、元気にあいさつしている。
㉓ 皆さんの 電話応対がとても柔らかい口調で見習いたいと思います。
㉔ 朝礼の始まりがハイタッチで、ハイタッチをすると自然と笑顔になれます。
㉕ はく手して業務開始は、ほめ達セミナーで、手のつぼを刺激して前頭葉の活性化になると学び、すごい！なるほど！と思いました。

このとき同時に、その新入社員に対する「ありがとう」を、チームリーダーを含めて3人の先輩社員がそれぞれ25個ずつ書いて、新入社員に渡すようにしています。

こうして新入社員は、「ありがとう」を伝えることと、「ありがとう」を伝えられることを同時に体験することになるのです。

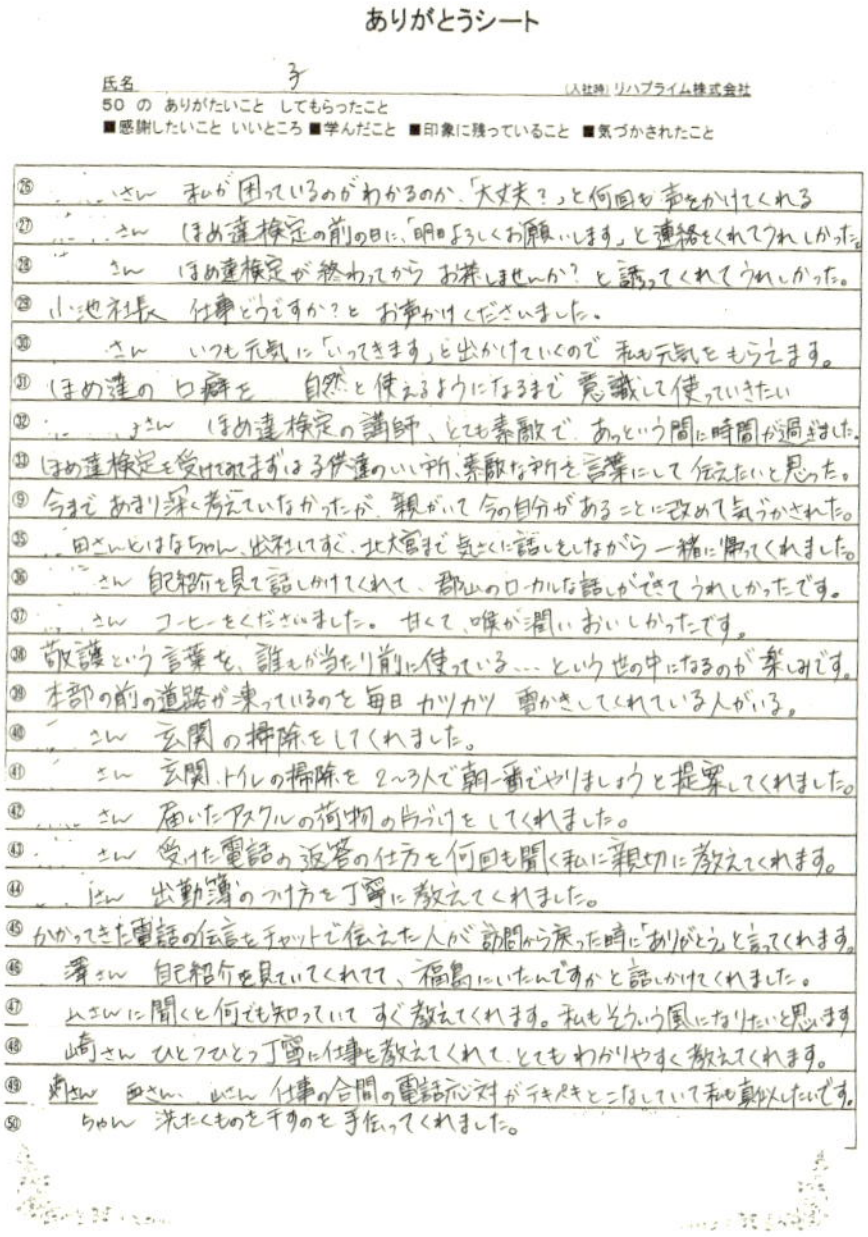

ありがとうシート

氏名　子　　（入社時）リハプライム株式会社

50 の ありがたいこと してもらったこと
■感謝したいこと いいところ ■学んだこと ■印象に残っていること ■気づかされたこと

26 さん 私が困っているのがわかるのか、「大丈夫？」と何回も声をかけてくれる
27 さん ほめ達検定の前の日に、「明日よろしくお願いします」と連絡をくれてうれしかった。
28 さん ほめ達検定が終わってから お茶しませんか？と誘ってくれてうれしかった。
29 小池社長 仕事どうですか？と お声かけくださいました。
30 さん いつも元気に「いってきます」と出かけていくので 私も元気をもらえます。
31 ほめ達の 口癖を 自然と使えるようになるまで 意識して使っていきたい
32 さん ほめ達検定の講師、とても素敵で、あっという間に時間が過ぎました。
33 ほめ達検定を受けてみてまずは子供達のいい所、素敵な所を言葉にして伝えたいと思った。
34 今まで あまり深く考えていなかったが、親がいて今の自分があることに改めて気づかされた。
35 田さんとはなちゃん、出社してすぐ、北大宮まで気さくに話しをしながら一緒に帰ってくれました。
36 さん 自己紹介を見て話しかけてくれて、郡山のローカルな話しができてうれしかったです。
37 さん コーヒーをくださいました。甘くて、喉が潤いおいしかったです。
38 敬語という言葉を、誰もが当たり前に使っている…という世の中になるのが楽しみです。
39 本部の前の道路が凍っているのを毎日 カツカツ 雪かきしてくれている人がいる。
40 さん 玄関の掃除をしてくれました。
41 さん 玄関、トイレの掃除を 2〜3人で朝一番でやりましょうと提案してくれました。
42 さん 届いたアスクルの荷物の片づけをしてくれました。
43 さん 受けた電話の返答の仕方を何回も聞く私に親切に教えてくれます。
44 さん 出勤簿のつけ方を丁寧に教えてくれました。
45 かかってきた電話の伝言をチャットで伝えた人が訪問から戻った時に「ありがとう」と言ってくれます。
46 澤さん 自己紹介を見ていてくれてて、福島にいたんですかと話しかけてくれました。
47 山さんに聞くと何でも知っていて すぐ教えてくれます。私もそういう風になりたいと思います
48 崎さん ひとつひとつ丁寧に仕事を教えてくれて、とてもわかりやすく教えてくれます。
49 さん 田さん、山さん 仕事の合間の電話応対がテキパキとこなしていて私も真似したいです。
50 ちゃん 洗たくものを干すのを手伝ってくれました。

人間の脳には同時に2つのことができないという特徴があります。「ありがとうシート」は不安や不満が入り込む前に、フォーカスを「ありがたいこと、感謝」に向けてしまうのです。

人間の防衛本能で、何も意識していないと、新しい環境に対しての目線、新参者に対しての目線は「相手との相違点」や「相手の欠点」に向けられてしまいます。それを、仕組みで無意識のうちに、目線を「相手との共通点」と「相手の長所」に向けるのです。

「ありがとう」と言われると人はうれしいものなので、これをやるとチームの雰囲気もよくなりますし、リーダーと新入社員との関係もよくなります。

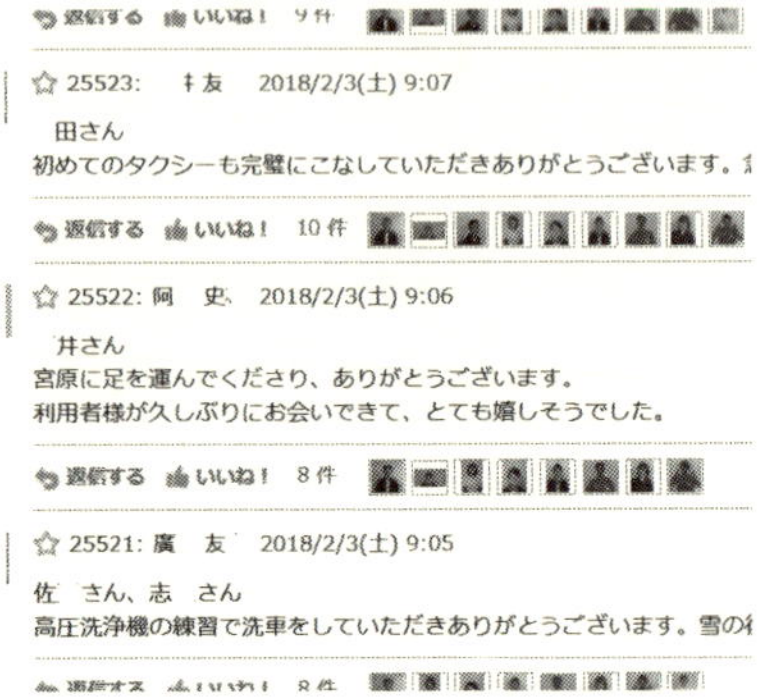
返信する いいね！ 9件
25523: 友 2018/2/3(土) 9:07
田さん
初めてのタクシーも完璧にこなしていただきありがとうございます。
返信する いいね！ 10件
25522: 阿 史 2018/2/3(土) 9:06
井さん
宮原に足を運んでくださり、ありがとうございます。
利用者様が久しぶりにお会いできて、とても嬉しそうでした。
返信する いいね！ 8件
25521: 廣 友 2018/2/3(土) 9:05
佐 さん、志 さん
高圧洗浄機の練習で洗車をしていただきありがとうございます。雪の

次に「イイネＢＡＮＫ」ですが、こちらは全社員が自由に書き込んだり閲覧したりできるインターネット上の掲示板のようなものです。

書き込みが多いのはやはりリーダーではありますが、全社員が周りの社員の良い行動をここに書き込むことで、全社員に共有しているイメージです。

たとえば、「○○さん、利用者様へ傾聴する姿勢がすばらしいです。利用者様の笑顔も引き出していて、見ている私も笑顔になりました。ありがとうございます」といった具合です。

当然、ここに名指しで書かれた社員は「見ていてくれたんだ！」ということでうれしい気持ちになります。

一方、リーダーにとっては、メンバーにこんな行動をしてほしいと思っている行動を、イイネＢＡＮＫ上で公開してほめることで、チームを良い方向に導くことができるというメリットがあります。リーダーが自分の価値観や理念をプラスの視

点で、具体的に表現できるのです。

このようにイイネＢＡＮＫは、簡単に書き込めて、簡単に見ることができて、効果の高いツールですので、ぜひ試してみてください。

## ③「共感」＋「Ｉメッセージ」で感情を伝える（伝わる）

３Ｋの３つ目のＫは、社員に「共感」することです。

「そうは言っても、共感できないことには共感できません」というリーダーがいましたが、相手の「視座」に自分を置いて、丁寧に感じ取ると、なぜそう感じているのか、なぜそのような行動をとるのかが感じ取れます。

社員との信頼関係を築くためには、リーダーは社員の感情にきちんと共感できていることが大事です。なぜなら、人は自分のことを理解してくれている人に対して、心を開く傾向にあるからです。

先ほど多くの女性の脳は共感脳だという話をしましたが、私の経験では多くの男性にも共感を望む気持ちがあります。したがって、リーダーは「あなたのことはわかっているよ」ということを伝えることが大事なのです。

その上で、社員にメッセージを伝えるときは「Ｉメッセージ」が有効です。「Ｉメッセージ」とは、「私（Ｉ）」が主語になったメッセージのことで、「私はあなたのことをこう思った」、「私はあなたのことをこう感じた」といった言い方です。

たとえば、部下が５分遅刻してきたとしましょう。

このとき理由も聞かずに頭ごなしに「おい、今何時だと思ってるんだ！　今月はこれで２回目じゃないか！」などと叱責してしまうと、部下は防御反応を示します。

「こちらにも事情がある」「自分のせいだけではない」など、反射的に言い訳をしたり、反発をしたりして、遅刻したことを正当化しようとします。

こうなると部下は反省するより、上司に反感をもつことになり、部下の気持ちは上司から離れていくだけです。こういう上司の下では働きたくないと思うことでしょう。行動も改まりません。

これに対して、「共感」＋「Ｉメッセージ」で対応するとどうなるか？

たとえば、次のようになります。

「事情はわかった。逆に大変だったな。正直、それなら仕方がないなと思うよ」と、まずは、部下の「視座」に立ち、共感します。そして、その上で、次のようなＩメッセージを伝えるのです。

「でも、ちょっと悲しかったな」

つまり、部下が遅刻することになってしまった状況に共感した上で、部下を責めることなく、ただ、遅れたという行為に自分が「悲しかった」というそのときの自分の気持ち（感情）を伝えるのです。

このように言われると、部下はどう思うかというと、「自分を信頼してくれている人を裏切ってしまってマズイことをした。信頼を取り戻すために、がんばらなければ……」と思うのです。

実際、私もよくこの「共感」＋「Ｉメッセージ」で伝えますが、これはびっくりするぐらい相手の心に直接届きます。

と言い切るのも、私が社員から一番言われたくない言葉も、「社長にはがっかりしました」だからです。

「ここは給料が少ないです」などは「じゃ、上がるように目標設定しよう」という流れを創るので、なんていうことはないのですが、「がっかりした」は社員が感じた個人の感情なので、反論も計画設定もないのです。

幸いまだ言われたことはありませんが、こう言われたら、おそらくショックで寝込んでしまうかもしれません。

それくらい、この「Iメッセージ」は強烈に相手の心に伝わるのです。

## 4
## 「ほめる」環境をつくれば、社員は辞めない

私が尊敬する『日本で一番大切にしたい会社』という本でも紹介された日本理化学工業株式会社の大山泰弘会長は、人間の究極の幸せは次の4つであるとおっ

しゃっています。

①愛されること
②ほめられること
③人の役に立つこと
④人に必要とされること

つまり、この４つのことが満たされていれば、人は幸せを感じることができるというわけです。なかでも私にとって興味深いのが、「ほめられること」が「究極の幸せ」に入っていることです。

じつは、当社は一般社団法人日本ほめる達人協会（西村貴好理事長）の埼玉支部を務め、「ほめる達人」の輩出に力を入れています。そして１００人以上いる社員全員に「ほめる達人検定3級」を取得してもらっています。

さらに、自らの会社も行動指針の13番に「ほめる」を掲げ、「ほめる」環境づくりに取り組み、行動指針の14番目では「人とは長所でつきあう」として、フォーカスを人の「長所」にしているのです。

自分から見た相手の「欠点」や「自分との相違点」を直しているほど、人生の時間は長くないので、相手の長所を活用しきってしまいましょうということです。

ちなみに、「ほめる」とは、人・モノ・出来事の「価値」を発見して伝えることなので、先ほど紹介した3K「関心」「感謝」「共感」も、「関心をもって（＝価値を発見して）、感謝・共感で伝わる（＝伝える）」ということで、目指すところは同じです。

そして、リーダーが社員をほめる環境は、社員にとって「安心の停泊地」となり、社員が辞めなくなるのです。

## 5

# 「8ほめて、2惜しい」の絶妙レシピ

世の中には「社員をほめてばかりいたら、社員が甘えてしまうのでは？」と思う社長も少なくないようです。気持ちはわかります。私もそうでしたから。

しかし、実際はそんなことはありませんでした。

リーダーにほめられた経験のある社員は、もっとほめられたくて、「自分の意思で」がんばるようになる、「やりたくなる」のが実情です。

自分の意思でやりたくなった仕事は、多くの「ひらめき」と「活力」を生みます。

ただし、社員も人間ですから、たまには遅刻したりというように、良くない行動をすることもあります。そんなときは、さすがにそのこと自体をほめることはできませんので、ほめる以外の対応が必要になってきます。

では、どうするのか？

そういう場合、前述の「あなたらしくないね」とか「惜しい！」と表現します。

最初に普段の活躍を8割ほめてから、最後に2割「ただ、惜しいのは……」と言うと、社員の聴く姿勢が高まります。それから「遅刻さえなければ完璧だったのに、惜しいなぁ〜」というパターンか、私がよく話すパターンは、「惜しい！」

とだけ言って、相手が怪訝な顔でこちらの顔色をうかがってきてから、相手に伝えたい相手の普段の活躍の話をして、「それなのに、今回惜しかったのは……」と、悪いところを指摘したりしておくのです。

そうすることによって、社員も素直に聞き入れやすいですし、自ら反省し、二度と同じことをしなくなります。

当社ではこれを、「8ほめて、2惜しいの絶妙レシピ」と呼んでいます。

社員も自分が悪いことをしたことはわかっています。

本人が悪いことをしたのを一番わかっているのに、追い打ちをかけて、頭ごなしに叱責されたりするから、言い訳したり、反発したり、辞めたくなったりするのです。自己弁護しながら、そして自分は悪くないと言いながら、未来への対策など考えられるわけがありません。

その点、当社で文化になっている「8ほめて、2惜しいの絶妙レシピ」は、社員の「やりたくなる」効果抜群ですので、ぜひトライしてみてください。

# 第7章

ステップ④「支援」

# 社員のやる気を「支援」する

# 1

# 「2：6：2の法則」は上の2割から辞めていく不思議

これまで①「理念」の確立　②理念の「体現」③味方を「信頼」という3つのステップについて述べてきましたが、本章ではいよいよ最後の第4ステップである④社員のやる気「支援」ということについて説明していきたいと思います。

突然ですが、「2：6：2の法則」をご存知でしょうか？

これは動物が集団やグループを形成した場合、自然発生的に「上位2割の優秀なグループ」と「上位にも下位にも属さない6割の平均的なグループ」と「下位2割のパッとしないグループ」に分かれるという法則です。

なるほど、起業して分かったのは、何も手を打たないと、まだパフォーマンスを引き出せていないなと感じる2割の社員が存在し、よしよし期待通りという社員が6割、期待を大きく超えて能力を発揮している2割の社員が出てきます。

そして、能力を発揮している2割の社員が、何も手を打たないと将来を憂えて退職を考えるという傾向が見てとれました。

よく相談に来られる社長さんから聞くのが多いのも、①優秀な社員にすべて任せていたのにその社員が辞めてしまうんだ、②辞めさせたい社員がいる……といったことです。

しかし、これはアリの実験で実証されていることなのですが、下位2割の怠け者のアリを集団から排除したところ、全員が怠けずに働くのかと思いきや、しばらくすると残ったアリの中から2割程度のアリがさぼり始め、再び2：6：2のグループに分かれるのだそうです。

つまり、下位の2割のアリを排除しても、あまり意味がない、辞めさせたい社員を辞めさせても、その辞めさせたい社員の役割を担った社員が現れて、辞めさせた意味がなくなるということです。仮に、感情的に辞めてもらってもいいかなと思う社員がいたとしても、全力で、信頼関係の構築をして継続雇用したいものです。

人が一人辞めると結局、求人・採用・教育と大きく時間と労力、もちろん、お金もかかります。教育に関しては、特に、人が足りなくなっているのにベテランが新人を教育する時間をきちんととると、さらに、現場がきびしくなります。

逆のことも言えます。上位2割がマネジメント業務に移行して、現場から抜けたとしても、現場からその上位2割の役割を担うエースが育つ可能性が高まります。特に、私の経験からすると、何もせずに任せきって放置しておくと、圧倒的に上位2割の優秀な社員がやる気をなくして、会社を辞めていくことが多いのが現実です。

であれば、このレベルの高い社員たちをフル活用して（退屈から解放してあげて）、重要な役割にシフトさせ、待遇とともに現場から昇格させてマネジメント業務につかせ、6割の平均的なグループから上位2割のグループに入ってくる人が育ってくるというイメージを目指したほうが、会社のレベルが圧倒的に上がります。

優秀な社員は特に、成長を感じられないと辞めていく確率が高くなります。外部からマネージャーをスカウトしてくるよりも、せっかく内部に優秀な社員がいるのですから、迷いなく現場からマネジメント業務に昇格させて成長を支援し、その役割を担う社員を育てましょう。

優秀な社員の成長を支援し続けることで、組織が強くなり、社員が定着していきます。

## 2
## 支援とは本人がやりたくなる「気づき」を創ること ～目的設定～

「支援」というと、社員が成長するように手取り足取り指導するようなイメージがありますが、私は支援というのは、本人がやりたくなる「気づき」を創ってあげることこそが、「やる気支援」であると考えています。

中国のことわざに「子供を一生生きていけるようにするには、魚を与えるのではなく、魚の釣り方を教えよ」というのがあります。

これは「人に魚を与えると1日で食べてしまうけれども、人に魚の釣り方を教えれば生涯食べていくことできる」という意味です。

確かに、これは一見すると、一生食いっぱぐれがなくなるので、その人にとっては良いことのように思えます。

しかし、これだけだとその人が魚嫌いだったとしたら、目的・結果につながりません。

そこで、当社では社員に魚を与えるのでも釣り方を教えるのでもなく、魚を取る「目的」を共有し、「手段」は社員に考えさせるようにしています。

たとえば、魚を取る目的が「空腹を満たすこと」だったとしたら、魚嫌いの人の発想としては、魚をもらうことでも釣り方を教わることでもなく、ヤシの実の取り方を考えたほうがいいかもしれないのです。

「子供は親の進化形」というように、いつの時代も、時代の最先端に対する対応力は、親よりも子供たちのほうが優れています。

会社も同じで、若い人たちのほうが対応力は優れていることを認めて受け入れましょう。

したがって、目的さえきちんと共有できていれば、手段は若い人たちに任せたほうがうまくいく可能性が高いのです。

実際、当社では何から何まで社長である私が決めてしまうのではなく、私は社員に目的だけを伝えて、手段は社員に考えてもらうようにしています。

先日、当社ではシニア向け美容室を併設したカフェをオープンしたばかりなのですが、このとき私は「シニアや歩行困難な方が社会参加し続けるために、どうしても来たくなるような全世代のコミュニティを創る」という目的を伝え、実際にカフェで提供するメニュー開発も、お店の名前もすべて若いスタッフたちに任せました。

他社の社長にこう言うと、必ず聞かれるのが「任せてしまって、本当に大丈夫なのですか?」、「失敗したらどうするんですか?」という質問です。

しかし、これについては、私は「私があれこれ細かなところまで決めるよりも、任せたほうがうまくいく」と確信しています。

もちろん、経営者として回復不可能なダメージを負うことは避けなければいけませんので、そうならないように見守りますが、原則、手段は任せて口を出さないのが、社員のやる気アップ、ひらめきを生むことにもつながりますし、成長を応援することにもなるのです。

## 3
## 「知行果の一致」の法則で見守る!

では、見守るといってもどうするのか。口を出さないとハラハラドキドキすると思います。社長（リーダー）は、「もっといいやり方があるよ」、「この通りにやりなさい」、「自分だったらこうするよ」、「昔、こうやったらうまくいったよ」……などなど、具体的なやり方について口を出したくなります。

社員は、リーダーがやり方（手段）まで指定したときに、「作業」をし始めます。「目的」を伝えて、「手段」を任せると工夫し始めます。

かといって、全部任せて、失敗したらどうするのか。

失敗しないように「知行果の一致」の法則で見守ります。

これは、故土光敏夫先生の言葉ですが、「わかっていてもやらないのは、実は真にわかっていないからだ。やっていても成果が出ないのは、実は正しくやっていないからだ。

真の「知」は「行」に一致するし、正しい「行」は「果」に一致するはずである。「知」と「行」と「果」は一致するという基本認識を持つべきだ」というものです。

当社での「やる気支援」での「知」とは、「理念」に照らして課題を理解していること、「行」とは、理解したことを正しく行動していること、「果」とは、望む結果です。

この「知」と「行」と「果」が一致することをリーダーと社員が納得して共有（握る）するということですが、実体的な活用の仕方としては、順番を少し変えます。
①目的を共有して（知）、②会社にも自分にも地域にも良い予算（果）を共有して、③やり方（行）を任せる。やり方に関しては社員に任せる。

たとえば、新規のカフェ事業で、「理念・目的」が地域のシニアとご家族が毎日通いたくなるような場所を創ること（知）であると共有し、会社にも自分にも地域にも良い「投資回収の予算達成」（果）もしっかり共有します。その「理念・目的」のための「投資回収の予算達成」ができれば、やり方（行動）を全面的に任すよと現場に伝えるのです。

こうなると、判断がかなりシンプルです。

仮に、毎月の○○万の利益という結「果」が出ていないということは、「行」動をしていないか、行動していても正しい（目的と結果にふさわしい）行動になっていないか、もしくは、「知」の部分で「理念・目的・望む結果」が本当の意味で理解されていない可能性が高いと判断します。

簡単に言うと、知行果の一致を共有した上で、社長（リーダー）は数字だけ管理して、やり方は想いのある社員の好みでやってもらうということです。

事業を始める段階で、「月末に数字が出ない見込みになりそうなときには、○○日までに相談して」としっかり伝えます。

社長（リーダー）が熱烈指導するのは、社員の気持ちのコップが上向きになってから（社員がどうやったらうまくいくんだろうと悩み始めてから）が、ベストタイミングです。

## 4 社員の「気づき」と「行動」を生む7つの質問法

社員が楽しんで自立自走できるようにすることも、リーダーがやるべき重要な支援だと思っています。指摘・指示・命令ではなく、社員が自ら「気づく」ことがポイントです。人は他人から変えられたくないから、自分で気づいたときに変わろうとするし、自分が変わりたいと思ったときにだけ変わります。

そのためには、リーダーは社員に指摘・指示・命令するのではなく、社員が思わず動いてしまうような質問をすることが大事なのです。つまり、社員に「やらせる」のではなく、社員が「自ら考えて行動する」ようにするわけです。
では、その質問とはどういうものなのか？
それが次の7つの質問です。
①これは何のチャンス？
②どう提案する？
③どうしたらできる？
④目的は何だっけ？
⑤あの人だったら、今の自分にどうアドバイスする？
⑥なりたい自分、後悔しないために、今、何をする？
⑦〇〇だったら、わくわくしない？

では、順に説明しましょう。

**①これは何のチャンス？**

この質問は、一般的に良くない問題が起きたときなどによく使う質問です。

たとえば、社員が辞めると言い出したような場合、そのチームのリーダーは「社長、大変なことになりました。どうしましょう?」などと言ってきます。

その5人のチームにとっては、1人減って4人になると業務が回せなくなるのでピンチなわけです。

そういう場合に、「これは何のチャンス?」と問いかけると、これまでピンチと思ってマイナス思考になっていたのが、プラス思考に切り替わります。

しかも、「何のチャンス?」と聞いているので、チャンスであることが前提の質問なので、マイナス思考を完全に排除することができるのです。言い換えれば、「これはチャンスなんだけども、どんな種類のチャンスなの?」と聞いているわけです。

「ピンチはチャンス」という言葉もありますが、これは「ピンチ」を「ピンチ」としてとらえてから、その横にあるチャンスに目を向けようとする言葉で少し意味が違います。

その結果、「これまで5人で回していたのを、4人で回せるようにできれば、5人に戻ったときに順番に休めるようになりますね。そのためには……」というように、具体的な行動を伴ったアイデアを考えるようになるのです。

**②どう提案する？**

これは社員の「不満を提案に変える」質問です。

たとえば、以前ある社員がこんなことを言ってきました。「狭いのはわかるんですけど、事務所の洗面台が小さいので、いつも手を洗うと床がびちょびちょになって、気分が萎えるんですよ」と。

そこで、私は「じゃあ、どうしたいの？　提案して」と質問したところ、その社員は「ここに大きいやつをつけてほしいです。でも、場所が狭くて無理ですよね？」と具体的に言ってきたので、場所は不自然でしたが、すぐに違う位置に大型の洗面台をとりつけることで、社員の不満を解消したということがあります。

社員の中には、悪気なく、どうしたいでもなく、不満だけを口にする人がたまにいるのですが、この質問をすることで、社員の不満を提案に変え、不満を解消することができるのです。

### ③どうしたらできると思う？

社員の中には何か言うとすぐに「そんなの無理ですよ」とか「できませんよ」という習慣の人がいます。こういう人に効果的なのが、「じゃあ、どうしたらできると思う？」という質問です。

「できませんじゃなくて、解決に向けた前向きな考え方をしなよ（怒）」などというよりも、はるかに速く思考を切り替えられる魔法の言葉です。

この質問をすると、それまで「できない言い訳」ばかり言っていたのが、「できる方法」を考えるようになります。たとえば、「年末までに売上を3割アップさせよう」という社長の言葉に、「できませんよ」ではなく、「人を増やしてもらえればできると思います」、「これがこうなればできると思います」というように、一瞬で思考がプラスに切り替わるのです。

### ④目的は何だっけ？

これはそもそもの目的に気づかせる質問です。

たとえば、以前、入職したばかりの看護師が「なんで私たちまでチラシのポスティングをしなければいけないんですか?」という不満を言ってきたことがありました。

そこで、「ポスティングの目的って何だっけ?」と聞くと、「利用者さんを集めることです」と言うので、「利用者さんが増えれば、キミたちの仕事はどうなる?」と聞くと、「増えます」と。「じゃあ、仕事が増えると、キミたちの給料はどうなる?」と聞くと、「増えますね」となり、納得してくれたのです。

このように、その仕事の目的に気づかせてあげることが大切で、「給料もらってるんだから、営業時間中だし、つべこべ言わずに、言われたとおりにポスティングすればいいんだよ!」と言うから、社員は嫌になって辞めてしまうのです。

**⑤あの人だったら、今の自分にどうアドバイスする?**

人は自分の中に答えを持っているもので、それを引き出してあげるのがこの質問です。

たとえば、先ほどのように「ポスティングをしたくない」という社員がいた場合、「キミが尊敬している○○先輩だったら、ポスティングをしたくないといっているキミにどんなアドバイスをすると思う?」と質問すると、「何事も経験だから、やったほうがいいんじゃないの、と言うと思います」というように、意外と良い答えが返ってくるものです。

このように、人はリアルな自分を取り巻く環境から意識を離して、客観的になると、前向きな答えが見えてくるものなので、この質問でそのような状態にしてあげることが重要なのです。

**⑥なりたい自分、後悔しないために、今、何をする?**

この質問は、元気や、やる気をなくしている社員にすると、すごく「気づきとエネルギーを生み出す」効果があります。

たとえば、当社の社員の中には「子供にカッコいいお父さんと思われたい」という人が多いのですが、そういう社員に対しては「今の状態で、子供にカッコいいと思われると思う?」と聞き、「今の俺、カッコ悪いですね」という答えが返ってきたら、「じゃあ、何をすればいいと思う?」と聞くことで、やる気を取り戻すケースが結構あります。

す。

## ⑦〇〇だったら、わくわくしない？

この質問も、先ほどと同様、やる気をなくしていたり、モチベーションが低かったりする社員に対してすると「エネルギーと行動を生み出す」効果のある質問です。

この質問を使いこなすためには、「その社員はどうなりたいのか？」、「どういう状態になるとわくわくするのか？」ということを把握しておかなければいけません。

私の場合、後ほど説明するＳＮＳ（社長と何でも相談会＝社長面談）で、社員の夢やわくわく目標をだいたい把握していますので、これができるのですが、社員の夢やわくわく目標を把握していないリーダーは、まずは「社員がどうありたいと思っているのか？」「どうしたいと思っているのか？」を把握しておくことが重要でしょう。

ドライブで、目的地がわかっていないのにナビゲーションできませんが、逆に、目的地がわかっていれば、いろいろな助言や情報を提供しやすいのです。

# 5 社員の夢を応援する（わくわくを探す）

当社では、社員の夢を応援することも「やる気支援」の一つと考えています。そのためには、社員にわくわくする夢を持ってもらうこと、自分がわくわくすることは何なのかに気づいてもらうことが重要になります。

そこで、社員に夢を持って働いてもらうために、当社では社員にも個人版のビジョンマップの創り方を教えています（現在は希望者のみ）。

ビジョンマップとは、前述したように、夢を実現するためにどんなことをやっていくのかという「道しるべ」のようなものです。ですので、夢があることがビジョンマップ作りの出発点になるわけですが、社員の中には夢がないという人もいます。

そこで、そういう人には「わくわく」をキーワードに、まずは自分の「こうなったらいいな」という目標（ゴール）をあぶりだしてもらいます。

自分がわくわくすることであれば基本的にどんなことでも大丈夫です。

たとえば、「妻・子供が安心して過ごせて、毎日が笑顔であふれる家庭の実現」といったものです。

これができたら、ビジョンマップの中央の枠内に書きます。

先ほども言いましたが、文字だけよりも写真があったほうがイメージが湧くので、できるだけ写真も入れましょう。


次に8つの分野で、ゴールに近づくための目標を考えていきます。
①仕事・キャリア
②経済・お金
③健康
④家族・パートナーシップ
⑤人格・人間関係
⑥学び・自己啓発

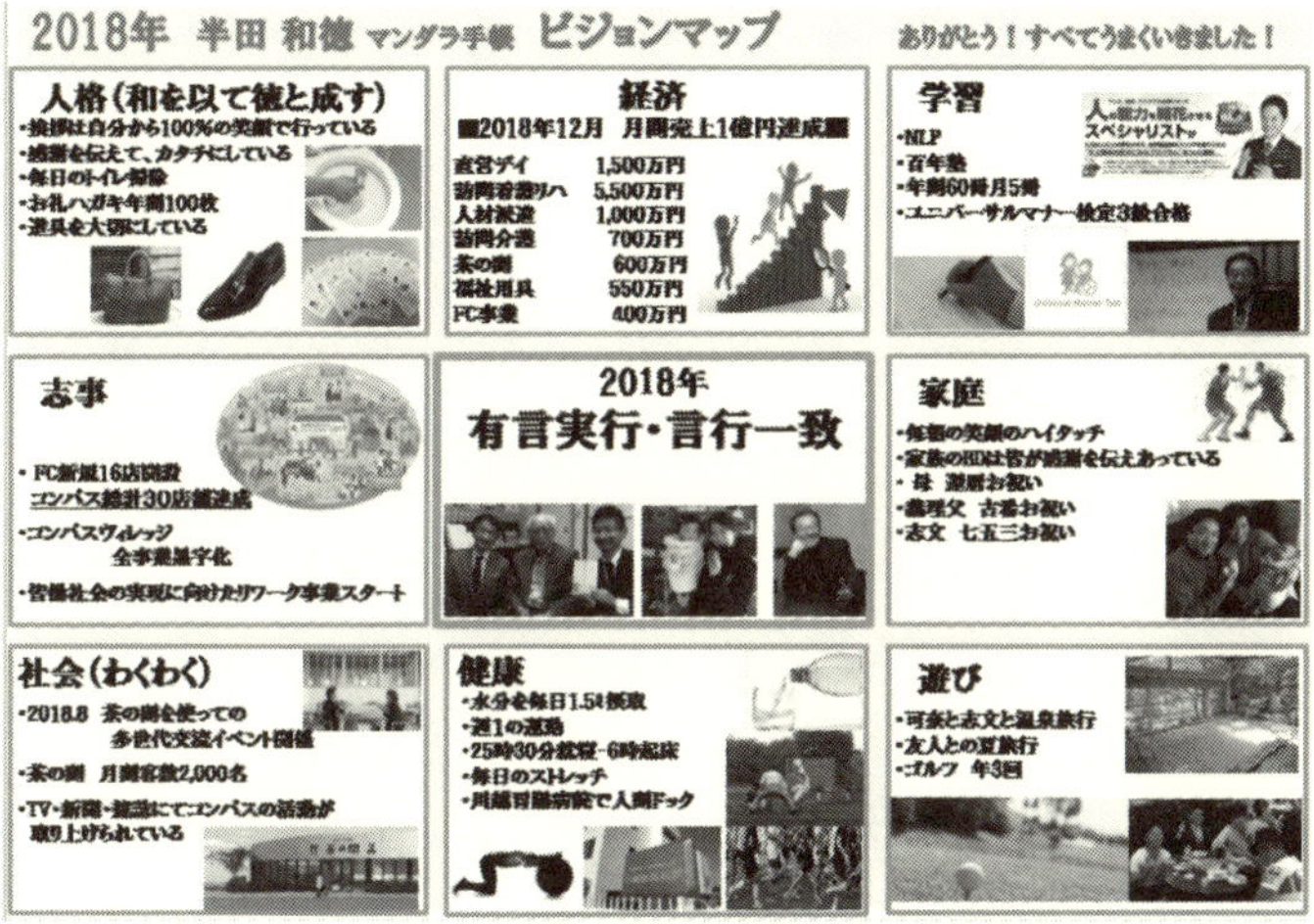
2018年　半田 和徳 マンダラ手帳 ビジョンマップ
ありがとう！すべてうまくいきました！
人格（和を以て徳と成す）
・毎日のトイレ掃除
・お礼ハガキ年間100枚
・道具を大切にしている
経済
2018年12月　月間売上1億円達成
直営デイ　1,500万円
人材派遣　1,000万円
訪問介護　700万円
茶の間　600万円
福祉用具　550万円
FC事業　400万円
学習
・NLP
・百年塾
・ユニバーサルマナー検定3級合格
志事
・FC新規16店開設
コンパス総計30店舗達成
・コンパスヴィレッジ
全事業黒字化
2018年
有言実行・言行一致
家庭
・母　米寿お祝い
・義理父　古希お祝い
・志文　七五三お祝い
社会（わくわく）
・茶の間　月間客数2,000名
健康
・週1の運動
・毎日のストレッチ
遊び
・友人との夏旅行
・ゴルフ　年3回

2018年　o. koike マンダラ手帳　ビジョンマップ
ありがとう！　すべてうまくいきました！！
■人格■
・ほめる、ありがとう
・クラウド化（データ取出）
■社会■
・熊本・盛岡に勤む
■経済■
・売上9億/年間
・2018.12末
売上9,000万/月間
(5,500（訪）+1,350（デ）+550（福）+1,000（人）+600(茶))+α(300FC+700タ)
・全社員年俸UP
■学習■
・経営指標セミナー
・PCタッチパッド活用
■志事■
・2018.12末　新規6600件/月　(330件/日)
コンパス　ヴィレッジ構想
・カフェ&美容室
・タクシー&MMDS
・2018.11直営デイ
新規2店舗開設
・2018.12 FC新規16店開設
コンパス総計30店舗
・2018.10 コンパスヴィレッジ完成
・全社員の家族名記憶術
■2018　目標■
かっこいい若手リーダーを8人、
経営幹部を6人、抜擢する！
「スピード」「大量行動」！
迷ったらGO！
■家庭■
記憶術
・自宅部屋 断捨離・PCの
クラウド化
・○○の実家自習室の拡充
&記憶術伝授
・24:30就寝、自宅net最小化
(睡眠時間を意識する)
■わくわく■
(来年以降)
・長女・次女
：○○高校、
○○大 ○○○○学部
■健康■
・内臓脂肪9.5、体脂肪12%
・6pack腹筋生活・立腰生活
・ヘッドスパ&whitening継続
・シティマラソン参加
■趣味・遊び■
・カシータ

⑦遊び・レジャー
⑧わくわくすること

最初からすべての項目の目標は書けないかもしれませんが、思いついたものから書いていくようにすればＯＫです。

たとえば、「遊び」であれば、「年1回（3月）家族旅行の実施」「子供・妻が笑顔あふれる場所へ」「加賀屋へ北陸新幹線に乗って旅行」というように、思いついたことを具体的に書いていきます。

会社のビジョンマップもそうですが、個人のビジョンマップも、創って毎日見ていると、不思議なことに書いたことがどんどん現実になっていきますので、ぜひチャレンジしてみてください。

参考までに、私のプライベートのビジョンマップと、当社の社員が作ったプライベートのビジョンマップを載せておきます。

## 6 社員の夢と会社の夢のベクトルを合わせる

社員の支援の中でも特に重要なのが、社員の夢と会社の夢のベクトルを合わせることだと思っています。

なぜなら、社員が目指す方向と、会社が目指している方向がバラバラだと、なかなか社員の夢を応援することが難しくなってしまいますが、方向性が同じ場合は、社員の夢を応援することが会社の成長にもつながることになるので、応援しやすくなるからです。

そのためには、社員一人ひとりの夢を把握しなければなりませんので、私は前にも書いたように「SNS（社長と何でも相談会）＝社長面談」を3カ月に1度のペースで実施し、社員の夢の把握に努めています。

そして、同時にその場で、社員の夢と会社の夢のベクトルを合わせるようにしているのです。

「社員の夢と会社のベクトルを合わせることって難しいんじゃないの？」と思う人もいるかもしれませんが、じつはそれほど難しいことはありません。

たとえば、「夢はお金持ちになること」という社員がいたとしましょう。

この場合、単にお金を稼ぐだけなら、もっとお金を稼げる業界がたくさんありますので、そういう業界に転職したほうがいいという話になりがちです。

しかし、そこで終わってしまうと、その社員が辞めてしまうことになります。

そうさせないために、私は「チャンクを上げる」というコーチングの手法を使っているのです。

チャンクとは階層のことで、チャンクを上げるというのは、階層を上げるということです。

具体的には、「なぜお金持ちになりたいの？」「お金持ちになって何がしたいの？」といった質問をすることで、「お金持ちになりたい本当の理由」を探っていくのです。

たとえば、次のような感じです。

「お金持ちになりたいんです」

「どうしてお金持ちになりたいの？」

「お金がたくさんあったほうがいいからです」

「お金を貯めて何か買いたいものでもあるの？」

「じつは、一軒家を買いたいんです」

「誰と住むの？」

「ずっと親不孝をしてきたので、両親にプレゼントしたいんです」

「え？　それじゃ、お金持ちになりたいのはご両親への恩返しプレゼントなんだね」

「お前、いいやつだな」

「ご両親はご健在なの？」

「今のところは大丈夫みたいですが、そろそろ介護のことも考えないと……」

「じゃあ、家を建ててあげるのもいいけど、実家の近くに安心して通える介護施設をつくって自分でマネージメントするのもおもしろいね？」

「たしかに、そうですね」

「うちの会社は今、全国展開を始めてるから、奈良にも良い場所があればデイサービスを創れるよ」

「本当ですか！」

「良い物件を見つけて、施設長としてやるのってわくわくしない？」

「ぜひ、やりたいです！」

「じゃあ、まずはこの施設の施設長をめざしてがんばってみようよ」

「はい！」


これは実際に当社の社員との会話を再現したものですが、このような形でチャンクを上げていけば、ほとんどの夢のベクトルは合うということに気づきます。

ほかにも、「高級車に乗るのが夢です」という社員もいますが、こういう場合も「どうして高級車に乗りたいの？」というようにチャンクを上げる質問をしていくと、「奥さんを喜ばせたいから」というところに行き着くケースが、往々にしてあります。

このような場合でも、「だったら、高級車以外でも、○○すること（会社の目標）

で奥さんを喜ばせることができるんじゃないの」という形でベクトルを合わせることができるのです。

この「チャンクを上げる」という方法を知っていれば、ほとんどの社員の夢と会社の夢のベクトルは合うものだと気づきます。

ベクトルが合うことに気づけば、今の会社でがんばることが自分の夢の実現にもつながるので、社員はそう簡単には辞めなくなります。

「この会社でがんばっても未来がない」と思うから社員は辞めるのであって、「がんばれば自分の夢がかなう」と気づけば、社員は辞める必要がなくなるのです。

# おわりに

## ◆社長が変われば、会社は変わる！

「給料をもらっている以上、上司に言われたことをやりなさい。それが嫌なら、それ以上のことをやってひっくり返すか、それができないなら従うこと、それさえ嫌なら辞めて自分の道を行くか。社員が選べる選択肢は、この3つのうちのどれかしかないんだよ！」

これは私がかつて上場企業の役員をしていたときに、社員に対してよく言っていた言葉です。今思うと、よくこんな言葉を言っていたなあと。これは上場企業だから破綻しなかったのだと思います。

今の社歴、規模の会社でこんなことを言おうものなら、おそらく社員はみんな辞めてしまうことでしょう。

実際、起業したてのころに社員がたくさん辞めていったのは、私自身の中にこのような大企業的な考え方が残っていたからだと思います。そして、それが私の発言や行動に出ていたのでしょう。

しかし、それでも、会社設立7年目にして「社員の定着率96％」を達成することができたのは、私自身がこのままではいけないと思い、考え方を変えたからだと思います。

そして、本書で紹介してきた「理念」「（理念）体現」「（味方）信頼」「（やる気）支援」の４つのステップを実践してきたからだと信じています。

なかでも、重要なのが「理念」と「体現」です。

社長が「理念」すなわち「理想の会社像」を明確にし、それを社長自身が本気で「体現」することです。

社員が辞めて困っているという社長は、今すぐ社長自身が本気で変わることです。社長の本気度が社員に伝わり、「社長は変わった！」と社員に認められれば、その瞬間から「すぐに」会社は良い方向に変わり始めることでしょう。

逆にいうと、社長が変わらない限り、いつまでたっても社員は定着しないということになるのです。

もちろん、お気づきかと思いますが、1章・2章でお伝えした「社員を大切にする気持ちで創るカタチ」も重要です。

なぜなら、あなたの会社の社員は常に近くの会社、同業の会社の友人と会社の情報交換をしているからです。いくら熱い気持ちがあっても、その合い間を縫って、他社のおいしい話が当たり前に耳に入ります。そういうものです。

年末に会う友人の有給取得の話で熱い気持ちが冷めることもあります。

自分の家族を入社させたいカタチも創っていきたいものです。

**◆ダメな社員は一人もいない！**

本書の中でも少し触れましたが、平然と「うちの社員は良いところがない！使えない！」と言い放つ社長がいますが、こういう言葉を聞くたびに、私は本当に悲しくなってしまいます。

なぜなら、私は「世の中に良いところがない人」がいるのではなく、「良いところを見つけられない人」がいるだけだと学んで、確信しているからです。

仮に、その仕事ができない社員がいたとしても、それはたまたまその仕事が向いていないか、やり方がうまく伝わっていないだけであって、ほかの仕事であれば、すごい能力を発揮するかもしれないし、その仕事を自分以外のほかの人が伝えたらできるかもしれないのです。

つまり、社員のことをダメだと言っている社長は、その社員の能力を見抜けていないだけ、その社員の能力を活かしきれていないだけであって、決して社員がダメなわけではないのです。

ご縁があって、あなたの会社に入社してくれた社員なのですから、社長は社員を活かすのが「役割」であって、「義務」です。

それができていない自分が変わらずして、社員をダメ呼ばわりし、「しっかりやれ」と言ってもおかしな話で、社員は賢いからこそ去っていくのです。

事業は、儲かるか儲からないではなく、「必要かどうか」「善かどうか」で判断実行し、社員に対しては、逆に、良いか悪いかを判断するのではなく、「絶対的な味方」になり、良いところにフォーカスし、社員の能力を活かせる社長が増えれば、日本はもっと良い国になると思います。

社長のためにも、社員のためにも、そうなることを願ってやみません。


最後になりましたが、出版の機会を与えてくださったぱる出版の瀧口孝志さんに、この場をお借りして感謝したいと思います。

また、当社の理念の実現に向けて、いつも全力でがんばって支えてくれている半田和徳君、松本幸子さんはじめ、当社のスタッフ、私の経営と人生の師匠の角田識之先生、当社をいつも応援してくださる「ほめ達！協会」の西村貴好理事長にも、この場を借りてお礼を申し上げます。

いつも本当にありがとうございます！　感謝しております。

最後にこの本を読んでくださったあなたの会社が、社員が辞めない会社になることを祈念して筆をおきたいと思います。

小池　修

**小池　修**（こいけ　おさむ）

リハプライム株式会社代表取締役。
1965年、埼玉県さいたま市生まれ。早稲田大学法学部卒業後、不動産会社の営業マンを経て、上場企業（フィットネスクラブ）の役員まで上りつめる。しかし、2010年、両親がほぼ同時に倒れ、介護が必要になったことを機に、介護施設を探すも、両親を入れたい施設がなかったために、周囲の大反対を押し切り、自分でつくることを決意。2011年４月に埼玉県さいたま市にデイサービスの１号店をオープン。しかし、思うように利用者が集まらず、手持ちの資金が底をつきかけたとき、利益重視の経営から利用者重視の経営に舵を切ったところ、少しずつ利用者に支持され、現在は定員オーバーで、順番待ちの状態に。その後、デイサービスのＦＣを全国展開しつつ、訪問看護ステーションや介護タクシー、福祉用具販売などの事業も次々に展開。さらに2018年１月にはシニア向け美容室を併設したカフェ「茶の間」をオープン。介護事業者として成功を収めている。同時に、離職率50％が当たり前の介護業界で、定着率96％を達成し、業界の注目を集めている。

**日本一社員《にほんいちしゃいん》が辞《や》めない会社《かいしゃ》**

2018年３月10日　　初版発行

著　者　　小《こ》　池《いけ》　修《おさむ》
発行者　　常　塚　嘉　明
発行所　　株式会社　ぱる出版

〒160-0011　東京都新宿区若葉1-9-16
03(3353)2835 ― 代表　03(3353)2826 ― FAX
03(3353)3679 ― 編集
振替　東京 00100-3-131586
印刷・製本　中央精版印刷(株)



ISBN978-4-8272-1109-2 C0034